# 拷問經典

## 未來世紀的文革考古索引

張石山 著

# 一葦渡江──《拷問經典》小引

我們的聖人曾經說過：「道不行，乘桴浮於海。」

天不生仲尼，萬古如長夜。

老夫子當時，莫非是有些悲觀了嗎？

或者，他老人家始終相信：他的道，不會滅絕；寰宇之內，應該有大道風行、生根開花的一方土地。

　　當鐵騎踏破長城，衣冠被迫南渡。

　　鐵與火，能夠徹底毀滅文明嗎？

　　我們的祖先，一定有著某種堅信。

　　文明的自信。

　　信心結出了果實。文明之河千載流淌，洋洋汩汩。

魯迅先生在著名的《吶喊》自序中，有一段著名的話語。如果喊醒了鐵屋中的昏睡者，鐵屋卻不能破除，只能清醒面對絕望，那該是怎樣的恐怖？

但先生終於還是發出了他的吶喊。

先生自視甚高；其實，鐵屋中哪裏會只有魯迅你一人醒著哪？

西元2000年，在所謂跨世紀的年頭，在通往新千年的門檻邊，夏曆庚辰年春節，與往年的春節卻也沒有什麼兩樣。所不

同者，筆者作為文革當年的一名紅衛兵，「五十而知天命」，沉痛回憶、嚴肅命筆；元宵過後，有《拷問經典》一部書稿完成。

如果說：「過去的，就讓它過去吧」，這樣的佈道終於塵封了歷史；文革的罪孽，不曾進行起碼的清算。關於史無前例的、禍國殃民的、毀滅文明的文化大革命之研究，在同時可悲地成為了一門考古學、考據學、考證學。筆者不得不在書名之下添加了一個副題——未來世紀的文革考古索引。

《拷問經典》重點拷問半個世紀以來曾經流行、並且佔領著話語強勢地位的若干語言詞彙。我們曾經奉為圭臬、目為真理而自覺服膺的，曾經因無知而盲目接受遵從的，曾經因恐懼而不得不曲意附和的，那些強勢話語，曾經指點江山、統馭思想、改造靈魂、扼殺個性。對於這些至今仍然高高在上、金碧輝煌、威勢赫赫的話語，予以清理、予以拷問，大有必要。以打破話語霸權的壟斷，以清算話語霸權的歷史責任；還個性思維的天賦人權，給異質思維一席之地。

讓思想衝破牢籠。思想無罪。

《拷問經典》共拷問關鍵詞彙及曾經過度流行的詞彙一百條。不在理論上故作高深，不奢望建立理論體系。力求深入淺出，在感性認知「皮肉親歷」的角度，切入話語的深層介面。以大眾容易接受、可以理解的語言為舟楫，穿越經典話語、霸權話語騰起的霧障，希望與更多的讀者共同抵達彼岸。

彼岸，原來一派清明，恰如我們精心呵護的赤子之心。

我思故我在。

人是思想的蘆葦。

我的思想，你的和他的思想，我們的思想之間，可能會發生碰撞。有如清風吹拂蘆葦蕩，葦葉喧譁。蘆花似雪，映著蘆花的江流，一派空明澄澈。

一本書，有一些獨立思考、有一點個人見解，編輯和主編看了都說好，然而在大陸卻不能出版。多方投寄，泥牛入海；塵封擱置，如是整整九年。

茫茫水邊，竟有幸從蔡登山先生手中，化得蘆葦一株。

一葦渡江。

西元2009年5月11日

農曆己丑年四月十七

# 自序

## 一

從西元1966年發動文化大革命,至今三十多年時光過去了;1976年文革結束,到現在也已經有二十多年。

「十年動亂」,或曰「十年浩劫」,給文化大革命做了政治定性。但幾乎在同時,「向前看」,一句號召、一句倡導,幾乎就塵封了歷史。「過去的,就讓它過去吧」,娓娓動聽,循循善誘,撫慰了心靈的創痛、裹紮了滴血的傷口;也許是出自善意的佈道指點了迷途的羔羊,絕對是因為無奈而選擇的寬恕替代了可能的拷問。

文壇元老巴金等賢哲呼籲建立「文革紀念館」,杜鵑啼血,到頭來好比西北風吹山牆。號召反思反省、要求清理清算的吶喊曾經此起彼伏,叫天不應喊地不靈,等閒裏白了少年頭。

酷好阿Q式「先前闊」的主兒們,溫馨回憶文革前的所謂「十七年」。接著懷念解放戰爭三大戰役消滅蔣匪八百萬,一次次夢裏回延安;雪山草地兩萬五,工農會師井岡山。青皮後生長在紅旗下,回憶不了那麼深遠,文革「停課鬧革命」,學習「打砸搶」,卻也不失為一段「陽光燦爛的日子」。

十年文革,就這樣被消解淡化、被冷漠無視。

忘卻，成為國人偏好服食、百試不爽的一劑萬應靈藥。

「人們一思索，上帝就發笑」，昆德拉的一句鳥話不脛而走，助長了理性麻醉與思想閹割。

思想的蘆葦物化成簡單繁殖的草本植物。

人們自覺不自覺地扮演著一篇諷刺小說裏描繪的「看電視的豬」。

從自然物理的時間來計算，文革過去不是很久，人們卻奇蹟般地患了集體失語症。

也許從心理、生理的時間來衡量，文革竟是過去太久了，健忘的人們將它沉沒於思維介面背後的地平線。

「過去的，就讓它過去吧！」佈道者成功地完成了對歷史的塵封、掩蓋、淹沒、埋葬。

直面文革、敘述文革、發現文革、研究文革，也許竟將成為一門考古學、考證學、考據學，有待於未來世紀的理性追問和正義審判。

在中國，在當代，究竟還有沒有思想者？

個人思索、個性思維、異質思考、自由思想，如果還不曾盡數被封殺閹割，「讓思想衝破牢籠」的歌聲可有飛翔的翅膀？

二

由於人所共知的，或曰其實誰也搞不明白的原因，直面文革、審視文革，幾乎成為當代學者研究的一個禁區。本來應該屬於順理成章的事情，彷彿被一隻看不見的手扭曲、魔幻，變

成為不可能。敘述，阻隔重重；閱讀，障礙重重。

但個人敘述、民間敘述始終存活著。除了在報章雜誌上偶爾透露一點消息，有文革的受害者、參與者、目擊者們在頑強地敘述文革；在民間，在可能的說話場合，在二三同志的私下交談中，在「莊稼地裏罵朝廷」的時候，敘述沒有徹底死滅喑啞。

思想者們在單兵作戰，有如唐吉訶德先生挑戰風車。

在所謂的新時期以來的文學創作中，「利用小說反黨，是一大發明」。傷痕文學與反思文學，曾經在題材領域的廣度方面有所開拓、在思想拷問的深度方面有所掘進。毫不誇張地講，是文學率先喚醒了對人的關注，最早亮出了批判的旗號。批判與思考的鋒芒曾經指向十年文革。

新時期文學的濫觴，問題小說取代了號角詩歌，詩歌才更成為詩歌；報告文學異軍突起，解放了小說，小說也才更像小說。呼喊問題、引發療救注意，畢竟是小說與詩歌不堪承載的重負。

這方面，文壇前輩的經歷，「歷史的經驗值得注意」。至少在大躍進的狂熱時代，有一位專寫問題小說的趙樹理先生上過萬言書。因為用小說來反映問題、呼籲吶喊，不僅敗壞了小說，呼籲吶喊也分明鞭長莫及。還有吳晗先生用那出著名的京劇《海瑞罷官》來影射廬山會議罷了彭德懷的官，也只是隔靴搔癢。

趙樹理與吳晗，最終都在文革中被肉體消滅了。思想先行者的生命只換來一紙遲來的平反文書。

如果說直面文革、研究文革畢竟不是文學作品的任務，清

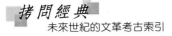

理文革、清算文革也不是詩人和作家的職責。這時,從主觀上講,作家們遵從藝術規律的追求,使他們也許更靠攏了藝術,他們卻也日漸淡化了思想者的形象。

在客觀上,敘述與表達的環境日漸惡劣,每況愈下。「堅持四項基本原則」、「注重社會效果」、「防止精神污染」等等話語成為不斷打擊、扼殺自由創作的棍棒;成為不叫運動的準運動。報章雜誌的「審查制度」將許多作品封殺在草稿狀態;「後審查制度」——出了紕漏,拿編輯、出版者是問,則閹割了出版家的膽魄。作家們儘管不曾被打成右派、不曾被肉體消滅,思想卻遭到了「軟禁」。

如此十年。新時期文學走過了這樣一條軌跡。

時間這盤大磨,磨平了許多石子的稜角;時間這條永恆的河流,偶或一隻浪頭,就淹沒了許多漫長的瞬間。

文革畢竟離我們遠去;歷史塵沙的堆積層愈來愈厚。

## 三

二十世紀九十年代,新時期文學進入後十年。依時髦的名詞「叫賣」來講,則可稱為「新後十年」、「後新十年」以及「後後十年」。在人們對文革患了失語症的時代,在文革研究呈現巨大空白的時候,在思想者總是隱逸缺席的時刻,詩人與小說家作為人文工作者的一支方面軍,不得不又重新肩起思想與拷問的職責。

匹夫有責。何況作家是藝術家的同時，本來也是思想家。當仁不讓。

正是當年階級鬥爭教育常說的一句套話：階級敵人「人還在，心不死」。

二十世紀九十年代開始，中國文壇散文創作蔚然而成大觀絕非偶然。

當號召弘揚「主旋律」、強調配合「中心任務」、策劃「五個一工程」，引導、倡導重獎重賞贖買了一些批判者、腐蝕了批判刀鋒的時候，真正的思想者拒絕閹割，固守了良知與民意的防線。

許多作家們創作的大量散文隨筆，風格絢爛、光芒閃射，徹底撐裂搗毀了楊朔、秦牧的曲意歌贊、脅肩諂笑和假作幽雅、幫腔粉飾的小散文模式。

作家們開始嘗試敘述文革。「代聖賢立言」。

文革，十年浩劫，除了一舉粉碎「四人幫」，作為政治定性，還有一個名詞：「紅衛兵」。

關於紅衛兵，敘述言說已經不再是禁區。在1999年春天，因為韋君宜老太太的《思痛錄》裏有幾句話涉及到了紅衛兵，就此話題還引發出一場爭論。

爭論的雙方各執一詞。一方認為：在對文革的緣起發動不加追問，對文革的始作俑者不予審究，對紅衛兵的胎孕、成型、誕生、出籠不做分析的情況下，秉承官版文革的口吻給紅衛兵定性，是不公平的。韋君宜老太太質問或者詢問「紅衛兵為什麼不反省」，是不近情理的。另一方則認為：不論誰有什

麼錯，且說紅衛兵有錯沒有錯？如果紅衛兵有錯，那麼他們就應該認錯，應該反思、反省。

爭論有那麼幾個回合，似乎勝負未分。但這畢竟是有意義的。爭論紅衛兵的問題，畢竟直接涉及到了文革的話題。惜乎這場爭論開初煙騰火冒，隨即火滅煙消。說紅衛兵有錯就應該認錯，並沒有什麼人來認錯；說敘述紅衛兵的話題首先應該追究文革浩劫的元兇巨惡，卻也未見任何追問。世紀末的人們，是太慵懶也太浮躁了。

正視紅衛兵這一話題，對之進行再思考、再認識，也許將是攻破文革研究堅城的一個突破口。

支撐了中國新時期以來文壇的，主要有兩大集團：右派作家所謂「五七戰士」集團和「老三屆」集團。「老三屆」作家們學習嘗試文學創作，適逢國門洞開、文網鬆弛，各種思潮主義疊合湧入，大家「急用先學」了不少新鮮玩藝兒，在他們的創作中便有所「立竿見影」。不似右派作家們受盡苦難、生活豐厚，可嘆思想武庫裏基本只有號稱馬列主義的一點庸俗社會學把戲。「老三屆」作家們的作品，其自省意識、批判意識、思想含量、拷問精神，或者要稍勝一籌。

而且，「老三屆」裏邊有許多當年的紅衛兵，「老三屆」作家中也不乏曾經的紅衛兵。如此，紅衛兵的自我敘述具備了相當的可能。

這種敘述將具備某種權威性，將成為打開文革研究堅城許多關隘中某一門徑的一柄鑰匙，將成為開掘文革礦脈的一條通道。

# 四

筆者本人，山西張石山，幸乎不幸，亦是當年的一名紅衛兵。

關於紅衛兵，我的思考反省自以為開始得相當早。至少在1981年，我就已經公開表述過若干觀點。

1981年春天，《人民文學》編輯部在北京京西賓館召開1980年度全國優秀短篇小說發獎大會，我因為小說《鐝柄韓寶山》獲獎而出席了該次會議。會議期間，3月5日，是毛主席發表「向雷鋒同志學習」題詞十八週年紀念日，會上還穿插了一個紀念座談會。座談會上，我率先做了一個即席發言，扼要講述了我當初對紅衛兵話題的思考結論。

主要觀點如下：

紅衛兵不是天降妖魔，也不是空投敵特，恰恰是許多人殷殷懷念溫馨回憶的所謂「十七年」裏國家教育或曰官方教育的產物。

官方教育有階級鬥爭教育、路線鬥爭教育、憶苦思甜教育、世界上還有三分之二人民未解放的教育、反修防修教育、資產階級就在黨內的教育，等等教育、種種教育，密不透風地教育了幾代青少年，其中當然包含「老三屆」。「老三屆」以及「老三屆」裏邊的紅衛兵，是官方教育出來的革命接班人。

種種教育當中，大學解放軍、大學雷鋒，成為文革前夕最為聲勢浩大、規模宏偉的思想教育運動。雷鋒是什麼人？雷鋒

就是後來的紅衛兵。或曰，後來的紅衛兵正是當初大學雷鋒、大學毛主席著作的一批狂熱的紅色聖徒。

「學習雷鋒」，值得反省。割裂文明、掃蕩傳統之後，只學習毛主席一個人的著作，甚至只學習毛主席的若干語錄，「狠鬥私心一閃念」取消任何個人思考、個性思維，每個人肩膀上扛的不再是自己的頭顱；大家只知道「毛主席揮手我前進，毛主席指示我照辦」，毛主席他老人家親自發動了史無前例的文化大革命，又親自給紅衛兵寫信，紅衛兵能是別的樣子嗎？

——當時，我坦率地講述了我的上述主要觀點。當時，有個劉賓雁坐在主席臺上，還反駁了我的說法。儘管他的反駁相當溫婉，但他掌握著話筒，在他反駁我之後，我沒有再反駁的機會。後來，聽說「反對學雷鋒」成為劉賓雁的罪狀之一。當初，還沒有專利法頒佈，我也不曾對此申請專利。

從1981年至今，二十年時光過去了。一代紅衛兵都已經步入中年。

如果說，比一代紅衛兵年長者「而今識盡愁滋味」，欲說還休了，比一代紅衛兵年少者「少年不識愁滋味」，愛上層樓爾，那麼，恰恰是被政治定性的紅衛兵們、紅衛兵裏的思想者們還在固執地尋尋覓覓、冷冷清清、淒淒慘慘戚戚，「這次第怎一個愁字了得」。

史無前例的文化大革命，最終是史無前例地失敗了。紅衛兵小將們史無前例地沒有像先前歷次運動的打手先鋒們一樣立功受獎。這恰恰是一代青年的幸運、民族的幸運。百試不爽、

百戰百勝的運動史，至此出現了史無前例的歷史性斷裂。紅衛兵、「老三屆」、插隊知青，在被利用、被拋棄、被欺騙、被懲罰的條件下，被迫走上了反思、反省、反叛的不歸路。

這是一批正當盛年的思想者。他們的思想有可能衝破牢籠。他們的回憶、追述、思維、思考，有可能對十年文革的歷史被覆岩層做出某種程度的深層開掘。

如果研究、敘述文化大革命終將成為一門考古學，那麼一代紅衛兵們的自我敘述也許能夠成為未來世紀的考古索引。

後來的掘進者們或許會在他們奮力掘進的坑道裏，發現前人遺留的幾柄鎬頭、幾盞礦燈、幾幅圖紙、幾具向前撲到的骸骨。

我希望，他們或許會在一具不知名姓的骸骨邊發現這一卷文字。

一些孩子，一代學生，是怎樣變成「惡魔化」的紅衛兵的？

他們曾經受到過怎樣的教育教導教化？

在一個時代曾經被視作教育經典的一些語言詞彙，究竟該如何解讀破譯？

是為《拷問經典》。

# 目次

# 1.《東方紅》

一代紅衛兵，所有「老三屆」，出生於二十世紀中四十年代末五十年代初。所謂「生在舊社會，長在紅旗下」，符合這樣一句套話。

我出生於1947年，是後來的「老三屆」裏邊的高三學生大哥大。

我們這些學生，除了前人的轉述，對舊社會沒有直接的準確記憶與感性認識。

我們記事之初，適逢中華人民共和國建國。「五星紅旗迎風飄揚，勝利歌聲多麼響亮」，《歌唱祖國》的歌聲響徹大地。祖國，從這時候起，特指中國共產黨奪取政權之後建立的中華人民共和國。

到大家牙牙學語，會喊的第一句口號是「毛主席萬歲」，會唱的第一首歌曲是《東方紅》。

> 東方紅，太陽升，
> 中國出了個毛澤東。
> 他為人民謀幸福，呼兒嗨呀，
> 他是人民大救星！

《東方紅》誕生於延安時代，陝北地區。這不是偶然的，或者說是意味深長的。

封建文化，農耕文明，呼喚著帝王天子。沒有皇上的世界，對於農民是不可想像的。孫中山推翻帝制，建立了中華民國，割劃了時代。但所謂民國，號稱奉行「三民主義」的民國，除了剪去男人的髮辮、解除了女人的裹腳條子，還只是古老封建帝國的一個新標籤。民國大總統在廣大農民的心目中，只是不叫皇帝的皇帝。千百年來，苦難的中國人民如果說有什麼共同的願望，那就是祈求中國有一個好皇上，哪怕他是滿清異族統治者康熙、乾隆，大家也甘願稱他是「老佛爺」。

佛爺，老佛爺，慈悲為懷，救助眾生，差不多也就是一個大救星。

農民，如果是自覺詠嘆、衷心呼喚，那麼也絕對是在上述意義上歌贊毛主席的。

我們的共產黨並沒有謝絕人民對黨的領袖的歌贊與神化。

毛主席本人也不曾有所謝絕。

一幅人們熟悉的延安時代的老照片透露著個中消息：人民、農民向毛主席敬獻一塊匾額，匾額上大書「人民救星」四個大字。毛主席在照片裏安然領受，概無推阻辭謝之意。

# 2. 「從來就沒有什麼救世主」

《國際歌》在中國的翻譯傳唱，要比《東方紅》早許多年。

我在農村讀小學，後來到城裏讀中學，都學唱過《國際歌》。

「從來就沒有什麼救世主」，與「中國出了個大救星」一齊傳唱，共存共榮，不能不說是一個奇蹟。一個東方奇蹟，一個中國式的幽默。

俄國十月革命一聲炮響，給中國送來了馬克思列寧主義。也許，我們只是學習了馬克思關於暴力革命的理論，只是學習了列寧武裝奪取政權的榜樣。

但民國的國父孫中山推翻滿清帝制，不也是暴力革命嗎？中國數千年的文明史，改朝換代何其多，除了少數幾次「禪讓」，哪一回不是「武裝奪取政權」，殺人如同割草，血流成河？

馬克思主義對中國究竟意味著什麼？

「馬克思主義的道理，千條萬緒，歸根結底，就是一句話：造反有理。」文革開初風行全國的這句毛主席的語錄，言簡意賅，通俗易懂。成為馬克思主義最簡明的中國版。但對廣大老百姓而言，對絕大多數普通共產黨員而言，馬克思主義早已符號化、神祕化，成為革命的「聖經」。大家一概沒有讀過馬克思的原著，卻都一概聲稱信奉忠於馬克思主義。許多官員

則更喜歡自稱是忠實的馬克思主義者，假如稍微向他請教一下馬克思主義ABC，絕對當場將軍。

馬克思主義早已被誤讀、被割裂、被實用，被當做披了嚇人的虎皮大旗。

「從來就沒有什麼救世主」的《國際歌》，大家當作聖歌來唱，並不理解其中或有的民權意識。毛主席成為人民大救星的同時，馬克思成為我們的西方教祖。

# 3. 「魚兒離不開水，瓜兒離不開秧」

唱著《東方紅》和《國際歌》讀罷小學與初中，大約在初中畢業時分，六十年代初期，又一首歌子唱火了中國，是為《大海航行靠舵手》。

這首歌開宗明義講：「大海航行靠舵手，萬物生長靠太陽。」毛主席從《東方紅》出任太陽至今，已有二十多年。個人崇拜愈演愈烈，積重難返。

而這首歌子裏竟然放肆聲稱道：「魚兒離不開水，瓜兒離不開秧，革命群眾離不開共產黨。」共產黨在打江山時，曾經宣傳說老百姓是水來著。即便在封建帝王時代，也說「水可載舟亦可覆舟」，認可老百姓是水。到如今，老百姓給成了水中之魚，可不怪哉，可不悲哉。

或者，這並不奇怪。八十年代初，一位詩人在參觀革命老區時，目睹了那裏的貧窮破敗模樣，口占兩句現代詩曰：

嬰兒長大／將繈褓甩在了山溝。

骨子裏的救星意識、救主意識逐漸顯現外化、公開化，說老百姓是水，原來只是一種權宜之計。

鬧半天，老百姓是那水中之魚。是黨和政府不僅解放了人民、救助了人民，而且養活著老百姓。

在西方，在被我們數十年攻擊咒罵假民主、偽民主的西方，有一種共識：人民、老百姓是納稅人，養活著政府與各級官員。所以人民在理論上以及在種種可操作的民主程序中，能夠監督政府與官吏。各級官員，不能不成為納稅人的公僕。在我們中國，不幸正好相反，是公僕們養活著老百姓，那麼倒是老百姓該受到管理監督，應該為受到養活而感恩戴德。

「人民，是國家的主人。」只是一句口號，一句比西方偽民主更為虛假的空殼話語。

事實上，政府與各級官員總是喜歡宣稱：我們養活著多少人民，多少年來我們拿出多少多少錢來辦教育、辦交通、建宿舍、修水利。好像政府掌握著鈔票發行權，它就擁有取之不盡、用之不竭的銀子似的。救主情懷、恩賜意識，毫不掩飾。

不幸的是，事實上，老百姓多少改善一點生活，必定就會感恩。知識份子老教授，著作等身、學富五車，臨危病塌前方才補評一個副高職稱，家中分得一套兩居室住房，感激涕零，結草銜環無以為報。有人被打成右派，勞改流放許多年，終得平反摘帽，三叩九拜，向闕謝恩。無恥之尤者，更率先溜鬚諂媚說：打右派是「娘打兒子」，「兒不言母過」。

文革前邢臺地震，國家與政府公該救災安民，職責所在。老百姓卻高呼萬歲，萬民叩拜。還有詞曲作者及時捧哏兒，寫了歌子。歌詞甚為肉麻：

> 天大地大，不如黨的恩情大；
> 爹親娘親，不如毛主席親。

# 4. 憶苦思甜

當局與政府，共產黨與共青團，對老百姓和青少年有一項傳統教育、常規教育，就是憶苦思甜。

從解放初期開始，小學課本上就有一篇課文，講述在井岡山時代，紅軍給老百姓打了一口水井的故事。老百姓吃到井水，在井邊立碑頌德謝恩。碑文說道：

吃水不忘打井人，
翻身全靠毛主席。

這故事可能是創作的，當然更可能就是真實的記錄。

問題在於，一個人、一個政黨，給人民、為老百姓做了一點好事，為什麼要不斷地自我標榜，為什麼要老百姓永遠地感恩戴德？

如果說，傳統的農民需要皇帝、習慣感恩，那麼，長在紅旗下的孩子們或者可能教育成長為新的一代人。然而，他們從小就要讀那樣的小學課文。

而憶苦思甜是一個整合概念，思甜與憶苦密切關聯。為了強調今天的甜蜜，必須在同時突出當初的苦難。

控訴萬惡的舊社會，進行縱向比較，成為宣傳教育的不二法門。

縱向比較，當今社會自然要比原始社會、類人猿時代有所進步。沾沾於這樣的比較法，實在未見高明。但教育孩子們，是足夠了。類人猿沒有褲子穿，大家今天穿上了兩條腿的褲，思一思，想一想，不甜嗎？

孩子們，長在紅旗下，學會感恩吧！

# 5. 萬惡的舊社會

　　如果說思甜在於懂得感恩，那麼憶苦則是要培養仇恨。

　　人類社會的發展，如果必然要經歷各種歷史階段，那麼，任何歷史階段的社會形態都不可能是十全十美的。封建社會假如比奴隸社會有所進步，或者就要比資本主義社會落後。

　　客觀評價而不是實用主義地詆毀，中華民國是不是要比滿清封建帝國有些進步呢？

　　但在我們的宣傳教育文本話語中，中華人民共和國之前的歷史被描述為漆黑一團。統稱為「萬惡的舊社會」。其中，被共產黨推翻的國民黨政權、中華民國、蔣介石統治下的整個社會，完全被妖魔化、地獄化，絕對地「水深火熱」。

　　建國前，在我們的軍隊裏有過這樣一個煽動仇恨的宣傳文本，說蔣介石的老婆宋美齡每天都用「牛奶洗澡」。我們家鄉屬於革命老區，老百姓始終相信上述宣傳的事實。只是近年生活提高，知道城裏孩子喝牛奶，這才替宋美齡發愁：就說她家有錢，糟蹋得起，那東西黏黏糊糊的，咋就能洗澡哩？

　　小學課本還有這樣一課，新編兒歌：

　　爺爺七歲去討飯，
　　爸爸七歲去逃荒；

今年我也七歲了，

背著書包上學堂！

逃荒討飯的爺爺爸爸如何能夠結婚成家、娶妻生子？

憶苦宣傳走到極端，使小學生、中學生們覺得舊社會果然「水深火熱」，人民該被通通屠殺、餓死光光了。但我們的爺爺爸爸竟然都從舊社會活了過來，大惑不解。父親、祖父們的敘述，又與宣傳話語不盡相同。

控訴舊社會有助於襯托新社會。

新社會，新的社會制度，國體、政體，被說成是古往今來最好的唯一制度。

在西方，人們評價他們選擇的民主制度，只是說：任何制度都有弊病，民主制度或許不是最壞的。

而什麼制度被說成「最好」，相當可怕。批評不得、研討不得，更改變不得。僅止是改革開放，魔瘴重重。

# 6.反胡風運動

　　我記事之初，在老家農村隨奶奶、大伯生活。上學前，大伯教我讀《三字經》，記下了「人之初，性本善」。同時，朦朧記得「三反」、「五反」、「鎮反」這些詞彙。

　　「三反運動」記憶深刻些。因為我父親在這一運動中被打成了「大老虎」。他在太原工作，曾經是地下工作者。奶奶、大伯的說法，是父親給公家「扣起來了」。一方面，我有些驕傲，聲稱「我爹是大老虎，我是小老虎」，聽了的人都發笑；另一方面，在我的想像裏，我爹被扣在一口大鍋底下，我又替他有些發愁。

　　後來，又後來，我的少年、青年時代的記憶中，我的生活、我們的生活、中國人的生活就與運動相伴。印象中、感覺裏，覺得搞各種運動的主兒有一種思維模式，極其像是簡單的農民思維。「一手抓革命，一手促生產」，好比農民一手抓鐵銑，一手提糞筐。「三反」、「五反」、「三支兩軍」、「除四害」、「一打三反」，包括先前的「兩憶三查」、「二五減租」，後來的「五個一」、「兩手都要硬」等等，似乎只能在十個指頭之內做算術。

　　但這點思維，用來搞運動是足夠了。將各種運動搞到城鄉地動山搖、山野雞飛狗跳的地步，富富有餘。

　　我讀小學前後，有個「反胡風運動」。

　　村子裏，黑板報上盡說「反胡風」，滿牆大標語刷著「反
胡風」，小學教員在窯頭用廣播筒每天傍晚吼叫「反胡風」。
我到太原看望父母，幾乎每個商店的玻璃櫥窗裏都畫了漫畫，
更是「反胡風」。

　　小小胡風，即便真的反黨、反社會主義，值得這樣來運
動嗎？

　　這叫全黨動員、全民動員。這叫大張旗鼓、大造聲勢。這
是最拿手的節目，鎮山之寶，「階級鬥爭，一抓就靈」，有巨
大的恐赫震懾作用。

# 7.合作化

　　我讀小學第二年，1955年，我們村裏開始合作化。具體來說，就是要農民一起參加農業生產合作社。

　　後來，我才知道這是中國「過渡時期總路線」的一個組成部分。領導國家的共產黨完成了新民主主義革命，要帶領人民過渡到社會主義社會。工業，要實現國營全民所有制、社會主義工業化；農業與手工業，要實現集體所有制、合作化。

　　國家建設全面學習蘇聯計劃經濟模式，及時建成社會主義並且準備盡早進入共產主義的「窮過渡」，從此開始了迷途難返的歷程。

　　到1978年，著名的十一屆三中全會決定，農村實行責任制，包產到戶。所謂包產到戶，也不過就是農民各家種各家的地。生產關係降格，使之適切生產力水準，中國農業立即取得極大成功。其實，在合作化之前，農民豈不就是各家種各家的地嗎？

　　合作化，據說是遵照自願原則，自由入社、退社。其實，是搞成了一個覆蓋全國的巨大運動。

　　1955年，全國農民都被迫加入了初級農業社。

　　1955年，初級化，化得不夠，實行高級化，農業社改稱高級農業合作社。

　　建國前，在解放區進行了土地改革運動；建國後，在全國

範圍實行了土改。平均地權，耕者有其田。到合作化，土地收歸集體。廣大農民的生產積極性受到致命的重創。只有土改時憑白分到土地的懶漢痞賴們，如今又迎來了盛大節日。可以混在集體堆兒裏吃大鍋飯，自古以來哪有這樣好事！

祖輩辛勤勞作，刨鬧土地、作務牲口的農民，土地歸公，牲口歸公，長吁短嘆，無可奈何。

再能幹的受苦人，在農業社裏種地一天也只能掙一個勞動日。他為什麼要多賣力氣呢？

再懶再蠢的笨蛋二流子，在農業社裏混一天，也是十分工。他又何必不當二流子呢？

我家屬於下中農，但幾個大伯都是好受苦。土改後，買了黃牛、打了新車，光景一派興旺。這時，都像鬼打了似的，臉色哭喪。

而在小學校裏，老師教我們唱一首新歌。

　　合作化的農村一片新面貌，
　　社會主義的根子紮得牢又牢！

在我們縣，山西盂縣，那年已經開始搞浮誇，虛報產量。
「上有所好，下必效之」。
幹部因而獲得升遷；種地的農民於是挨餓。

# 8.夠不夠，三百六

　　農民各家種各家的地，原本婦女很少下地。那並不是歧視婦女，只是一種分工不同。婦女在家縫補洗涮、推米搗麵，「男耕女織」罷了。

　　合作化後，要求婦女下地。種地的人更多了，土地是否種得更好些？

　　我的一位大娘，說過一句名言：「這兩天在家裏累壞了，咱也到農業社裏歇歇身子去呀！」

　　婦女屬於半勞力，掙五分工；男人整勞力，掙十分工。

　　到秋後，打下糧食，不管肚子大小，每人平均分配口糧三百六十斤。老百姓說，這是「夠不夠，三百六」。

　　計劃經濟，統購統銷。國人進入漫長的短缺經濟時代。全民實行票證供應制度。

　　開頭兩年，一個人頭每年可以領取布票一兩丈。農民由於分紅低，沒有錢來扯布，私下出售布票。物資短缺的時代，無價證券出現黑市行情。到後來，每人每年發放布票四尺。我們與蘇聯老大哥反目之後，老大哥挖苦我們「四個人穿一條褲子」，倒也不很誇張。

　　而「夠不夠，三百六」，農民原來是要揶揄調侃農業社的，後來大家的口糧再也達不到三百六。

合作化使相當數量的中國人不得溫飽。我們小學生學習「饑寒交迫」這一成語，有了切實的體會。

當初，我父親在太原搬運公司拉排子車，工資較高。他每年都要幫助他的兄弟們一些錢。一項，是扯布錢。總不興叫侄兒男女光　眼子，兄嫂們賣布票。一項，是稱鹽錢。「待客有鹽不丟醜」，不忍弟兄們吃淡飯。一項，是打煤油錢。別人家點燈吃飯，不能叫咱家人吃飯吃到鼻孔裏。

奶奶沒文化，以為「國家」是個什麼人，老人家經常念叨：「這是甚的世道，國家那個東西他就不死啦？」

農民糧食不夠吃，怎麼辦？這確實是個問題，而且並不能「翻開毛主席著作找答案」。大家只好挖野菜來填肚子，玉米摻糠來磨麵。所謂「吃糠嚥菜」又有了最實際的注解。

有個細節，我想做一介紹。

一升玉米摻一升糠，叫做「一兌一」。一升玉米磨了麵，做十張餅；一兌一之後，糠麵餅子能變成十一個。我問過奶奶：「大家少吃一點，不吃糠麵不成嗎？多出一隻餅來，抵什麼事？反倒將所有的餅都鬧得十分難吃！」

奶奶嘆息道：「哎！摻糠，哪裏是為了多那一疙瘩餅，是專意為了難吃！難吃，不就少吃啦！」

# 9. 社會主義

　　吃糠嚥菜，農民當然不高興。懷疑毛主席在北京的金鑾殿裏成天吃燒餅、油條、紅燒肉。懷疑之餘，罵娘操祖宗的，十分放肆。所謂莊稼地裏罵朝廷，自古是農民的一項人權。

　　懶漢二流子、光棍痞賴們，比一般人家都不節儉，餓得更厲害些。這幫東西無法無天的，在當街上對著下鄉工作員都敢冒涼腔、喋二話。工作員覺悟高，當即教導群眾做報告：「怎麼講話？你還像個翻身農民嗎？」

　　這位立馬頂回去：「翻身？老子翻到烙餅鏊子上啦！」

　　工作員下不來臺，使出殺手鐧來：「我看你是想住幾天看守所哩！」

　　工作員倒也不是虛言恫赫，五花大綁個把農民，送到看守所關幾日禁閉，這點能力還是有的。但鐵嘴遇上嘎嘣豆，這位偏生不怕住禁閉：「行啊！聽說看守所管吃又管住，那就是共產主義的天堂兒，強如二爺在高級社裏過它娘的這號社會主義好日子！走啊！」

　　一般良善百姓、老實社員，便沒有這份氣魄。大家不唯怕工作員，便是村上的書記、社長、貧協主任、民兵隊長也不敢惹。我們村的書記，尋常聲稱：「毛主席在全中國說了算，我在咱村說了算。我就是『二毛主席』！」

大家一想，也是。反對他，就是反對黨支部；反對黨支部，就是反黨。他要收拾誰，立馬叫民兵栓了誰來遊街示眾，把誰運動一回，還不就是個土皇帝。

農民自從入了合作社，喪失了土地所有權，社會地位確實還不如封建時代的農民。而支書社長們，卻要比當年的地主鄉紳更為有權有勢。

農民，從某種意義上講，墜落到農奴的地步。

中國是一個農業人口比重極大的國度。當廣大農村的生產力並無發展，只是一家一戶種地變作集體種地，就號稱進入了社會主義，這兒的「社會主義」必然是一種先驗的、空想的、虛假的社會主義。

依照馬克思主義的原理，社會主義應該在資本主義充分發展的基礎上才可能實現。中國並無資本主義的充分發展乃至一般發展，只有落後黑暗的「萬惡的舊社會」，怎麼就一步跨進了社會主義？

歷史的真實分明是包產到戶救了中國，理論上卻至今一口咬定「只有社會主義才能夠救中國」。

社會主義這塊招牌下，必定另有蹊蹺。

# 10.「反右」運動

反胡風運動,我一直以為「胡風」是一股歪風、邪風什麼的。到我們村滿街刷出新的大標語反「右派」,我到底大了幾歲,懂得右派並不是一個人,而是與「左派」相對應的一個名詞。但這個名詞的準確含義,當時鬧不明白。

我們村裏的小學教員,除了在窯頭用廣播筒吼叫口號作政策報告、形勢演講,還負責刷標語。記得在穿村而過的大街兩側,誰家的後牆上,刷過「百花齊放,百家爭鳴」的字樣。還是套紅的美術字,滿好看。

直到六十年代,我來太原讀中學時,才大致知道發生在1957年的「反右」運動是怎麼回事。

「百花齊放,百家爭鳴」,那口號何等好啊!春秋戰國時代,百家爭鳴,出現過多少學術派別、產生過多少思想偉人啊!

二十世紀五十年代,由毛主席提出的「百花齊放,百家爭鳴」,不幸只是一句口號。更不幸的,是這口號成為「引蛇出洞」的陰謀伎倆。

上級號召,層層動員,要黨內外的知識份子給黨提意見。號召的急切、動員的力度,讓知識份子們由衷以為,開明盛世來到了,不提意見便是落後了。有話不講,是自己小人心腸度君子胸懷了,不積極獻計獻策,是不愛中華了。

等大家提出不少意見或者建議，其中當然可能有不少過火的言詞乃至直接批評掌權的共產黨的話語，掌權的黨一夜之間翻過面皮來，說是資產階級右派份子向黨倡狂進攻，妄圖推翻共產黨。

毛主席這時權威解釋道：「百家」，其實是「兩家」。一家無產階級，一家資產階級。

全國開始抓右派、打右派。黨發動了規模空前的「反右」運動。

運動。最拿手、最熟練、最得意、最派兒、最酷、最帥呆了的把戲。

天真的知識份子們一舉落入預設的陷阱。打成右派，戴上階級敵人的帽子，勞改流放，監督改造。只許規規矩矩，不許亂說亂動。

右派們悔斷了腸子。有的人喊冤叫屈，說共產黨耍陰謀。毛主席偉人氣概，正告敵人：這是「陽謀」。

「反右」究竟是陰謀還是陽謀？這實在沒有多少爭論的價值。好比狼要吃羊，總是羊們有該吃的緣由；強盜要殺人，自然有強盜的邏輯。

有人詛咒這是當代的「焚書坑儒」，毛主席更其帝王氣象，斷然反駁道：「秦始皇算什麼？秦始皇不過坑了四百多個儒生，我們打了幾十萬右派！」

公開、公然以殘暴為榮，為勝出秦始皇而沾沾，怪不得毛主席早在他的得意詩篇〈沁園春‧雪〉中寫道：

惜秦皇漢武，略輸文采；

唐宗宋祖，稍遜風騷；

一代天驕，成吉思汗，只識彎弓射大雕。

俱往矣！

數風流人物，還看今朝。


　　郭沫若博士與陳毅元帥都曾對毛主席的詩詞做過權威解釋，他們都解釋錯了。

　　他們自作多情，揣測上意，將這兒的「風流人物」說成是什麼「勞動人民」。狗屁不通。

　　如果說，「萬惡的舊社會」還曾經留下一些文化精英，到「反右」運動，是差不多收拾完全、消滅罄盡了。

　　土改運動，株滅掉封建文明孑遺的士紳階層；「反右」運動，則摧毀掉一百多年來學習接受了西方文明的現代知識份子集團。

　　毛主席掃空六合，獨踞三界，寰宇之內，唯我獨尊。

　　正是林彪吹捧的：毛主席這樣的天才，中國幾千年，外國幾百年，才出了一個。

# 11.「地富反壞破」

打過右派之後，我們的人民民主專政國家其專政對象也就是階級敵人，概括為一句「五字真言」，即「地富反壞右」。

「地富」——指地主富農。

地主富農在土地改革運動中被剝奪掉多餘的土地分給貧下中農，所謂平均地權。假如他們並不違法亂紀，就應該是合格的公民；假如他們殺人放火，當然應該受到法律懲處。但地主富農，作為整體的階級階層，被確定為階級敵人，被專政、受管制。地富子女亦被株連。血統論的根子在這裏。

對階級鬥爭的形勢估計，一直強調「階級敵人，人還在，心不死。時刻妄圖變天，要奪回他們失去的天堂」。所以，對待他們的手段就是「將他們打翻在地，再踏上一隻腳，叫他們永世不得翻身」。

國人自從建國以來，受到嚴格的戶口檔案制度管理。每個人都要首先登記家庭出身。令人大惑不解的是，家庭出身並不以父母職業為基準，卻要登記爺爺的成分。周恩來總理沒有兒女，否則他的孩子登記家庭出身也得是官僚地主。當然，在事實上，黨的高級幹部們的子女取得了豁免特權，家庭出身可以登記填寫為「革命幹部」或者「革命軍人」。

「反」——指反革命。

反革命，分做現行反革命與歷史反革命兩類。

現行反革命，有現行反革命活動。舉例來說，毛主席有句名言：「東風壓倒西風」，農民燒窯，不巧是颳東風，煙霧迷濛，有人無心講了一句：「要是颳西風就好啦」，這就是現行活動，打成現行反革命。

　　歷史反革命，有法定範疇和界定標準。又可總括一句五字真言，叫做「軍政警憲特」。軍，指國民黨舊軍人。偽連長以上，定為歷史反革命。政，指國民黨舊政權職員。農村保長以上、城市街長以上、機關科長以上，定為歷史反革命。其餘，凡是當過舊社會、舊政權之員警班長以上、做過憲兵特務者，一律定為歷史反革命。

　　我父親工作的搬運公司，有舊時代的電臺工作人員，自然是歷史反革命。解放後只好拉排子車當苦力來養家糊口，可嘆幾十年裏，家中不敢買收音機，怕被懷疑與敵臺聯絡。

　　「壞」──指壞份子。

　　這一條，彈性很大。出身不錯，本人又沒有什麼歷史問題，調皮搗蛋不聽話，和領導鬧彆扭或者領導看著不順眼，可以打成壞份子，一樣是階級敵人，被專政、受管制。

　　「右」──就是1957年打成的右派份子了。

　　「五字真言」概括的五種人，統稱「五類份子」。

　　什麼人，一旦算做「份子」，頭上就戴著「帽子」。

　　社會上還有其他份子，比如落後份子、勞教份子、刑滿釋放份子，也要受到次一等的管制、監督、排斥、歧視，只是不戴「帽子」罷了。

　　在鄉間，至少在我們村裏，因為沒有右派來填充「五字真

言」，幹部們發揮天才創造性，將破鞋抓來抵擋空缺。「五類份子」說來就成了「地富反壞破」，也挺順口。

右派們後來是摘帽了、平反了，恢復公職、補發工資了。知識份子們還有文化、有思想，能寫文章，可以喊冤叫苦。更多的階級敵人們，卻果然是永世不得翻身，有如地獄裏永遠不得超生的冤鬼。

我們村裏的破鞋們，替代右派被運動，更其冤哉枉也。

# 12.除四害

老百姓總結說：「國民黨的稅，共產黨的會。」

國民黨的稅，名目繁多，剝奪人民，人民極其反感。共產黨的會，開會多、運動多，老百姓從本心裏也不會欣賞，敢怒不敢言而已。

建國後，國家發動過規模浩大的愛國衛生運動。至今，政府職能部門裏還有一個愛國衛生運動委員會，簡稱「愛委會」。

愛國衛生運動之後，全國掀起了掃除四害運動。要全國動員、全民動員，消滅老鼠、麻雀、蒼蠅、蚊子四種害蟲。

老鼠、麻雀吃人的糧食，蒼蠅、蚊子傳染疾病，未嘗不可消滅掃除之。而凡事都要全民動員，一聲令下，全國聞風而動，就把國家變成了一個軍事共產主義體制。這種體制必然會形成絕對的極權。極權之下，「腦使臂，臂使手，手使指」成為理想模式。由黨中央甚至毛主席一個大腦來思考，來為人民謀幸福。人民，不需要思想；個人，不可以思想。

馬寅初提出控制人口，儘管是一種卓越見識，儘管後來中國人口大爆炸驗證了馬先生的見識卓越，但毛主席喜歡中國人口多，中國人口就不得控制。馬寅初還得受批判，打成反動人口論的祖師爺。

通過打右派、搞批判，封堵了任何不同意見之後，一盤散

沙的國人，通過運動的威懾恐嚇和各級政權組織的領導發動起來。

除四害運動，我的記憶就比較清晰完整了。

與養豬運動、深翻土地運動、莊稼密植運動一樣，上級派來工作員，村子裏黨支部率領民兵就運動起來。多年的運動操練，組織完備、經驗豐富、手法純熟、反應迅捷。首先開大會，幹部做報告，積極份子喊口號。做報告的打官腔，鬼聲怪調；喊口號的憋紅了脖頸、吼劈了嗓子。然後，揪出「地富反壞」破來遊街。

遊街，是早在建國前解放區就時行的把戲。再要追溯，那是毛主席在二十世紀二十年代《湖南農民運動考察報告》裏就讚揚過的把戲。我村的階級敵人們，早被訓練成熟，一說遊街，自己都從各家帶了破銅盆、爛鍬頭，民兵們押解了，敵人們自行敲響家什呼口號。

打倒地主某某某，消滅蒼蠅和老鼠！

鬥臭破鞋誰誰誰，家家戶戶掃茅房！

諸如此類。

民兵們本來多是光棍跑腿子，這時虎了臉面，使槍桿子專朝破鞋們肉厚處捅戳。孩子們過節看紅火似的追了隊伍看熱鬧，閒漢老婆們不免也在街頭欣賞。我們的小學教員顯賣積極性和文化性，更有高級口號奉獻：

地主不死，運動不止！

破鞋不臭，搞倒搞透！

大家笑作一團，連破鞋們自己也「撲哧」笑出聲來。

　　笑歸笑，鬧歸鬧，遊街畢竟不是好玩兒的。除四害運動就雷厲風行開展起來。

# 13. 土地改革

　　我村有個富農份子張鎖小，我們本家，我稱他鎖爺。鎖爺為人端方，寫一筆好字，頗受族人尊敬。當年是一把好受苦，又肯接濟窮人，沒什麼民憤。但運動來了，在劫難逃。

　　有一次，我親眼見鎖爺大哭號啕。一邊哭，一邊詛咒他老子，說假如他老子賭錢抽大煙，踢騰破敗，父子們不是那麼勤儉下苦，家道也成不了富農，也不至於「永世不得翻身」。

　　我大伯回家嘆息說：「唉，自從土改，那是叫運動整得怕怕的了！」

　　我有十來歲，懂得向大人詢問一些問題，關於土改，便也漸漸知道一點大概。

　　土地改革，平均地權，使國人耕者有其田，實在大有必要。事實上，孫中山先生的主張，是共產黨領導的土改運動得以在整個中國大陸完成實現。

　　據說，蔣家王朝在臺灣也搞土改，平均地權，但對地主的土地是採取贖買政策，廣大農民分得了土地，得到資金的地主則去投資工業、商業、房地產、服務業。

　　而大陸土改，講究發動群眾，鬥爭地富，是「奪取政權」、「打江山」的具體化、普及化。

　　我們村與整個解放區一樣，土改中首先成立貧農團。口號是：「貧農掌天下，說啥就是啥。」

第一，當然是分地分房，把地主、富農多餘的土地房產分給貧農、雇農。

第二，講究有冤報冤，有仇報仇。貧農團私設公堂，可以任意用刑，吊打乃至肉體誅殺地主惡霸。

第三，分掉房產地畝之後，要挖浮財，要把地富的金銀錢財鬥出來。

報冤仇和挖浮財，給地主、富農們就都動了刑。我村的貧農團，開始是吊打和坐老虎凳，後來，發展到用火刑。地主，用紅火柱烙投孤拐；地主婆，坐紅火鏊、戴紅火圈。

富農婆三元老太，我記事時她有一百來歲，腦袋上就有戴紅火圈的痕跡。圓圓的一圈，沒有頭髮，頭皮通紅。

——後來，我個人做過一點極不正規的調查。我們家鄉的土改運動還算相當溫和的。我省晉北一帶，給地主們綁上大磨馬拉了遊街。遊街完畢，人就只剩一副骨架。晉東南一帶，則在分浮財之後，貧農們用抓紙團的方法瓜分地主、富農的妻子、女兒。

地主、富農包括惡霸，有罪行或者有血債，也許應該由政府法律部門來審判定刑，判刑以及槍斃。貧農團私設公堂，這樣的群眾運動，沒有副作用、後遺症嗎？

運動層出不窮，鬥爭接連不斷，到文化大革命紅衛兵與造反隊批鬥拷打牛鬼蛇神、殘酷鬥爭走資派，是偶然的嗎？

而土改運動，比起更早時候的「鋤奸反霸」運動、「反國特」運動，簡直又算不了什麼。

村裏的老人們都記得抗日戰爭中的「反國特」。國特，

指國民黨特務。國字四個角，運動當時更把國特叫做「四角子」。在邊區，在敵後根據地，在我們家鄉一帶，凡屬「四角子」，一律牽到河灘裏，使大石頭砸了腦瓜。「唭唭」地，敲核桃一般。

被敲了核桃的，其中當然有國特，但也有相當數量的冤假錯。

# 14. 少先隊鬥爭會

處在革命老區，處在那樣富有運動傳統鬥爭傳統的環境裏，我們小學裏便也經常開鬥爭會。

假期裏，我到太原探視父母，聽鄰居的孩子講，城裏學校的老師不打人，覺得不好理解。老師不打學生，算什麼老師？

在我們村裏，老師打人。打手板、掄教鞭，而且甩耳光、踢飛腳。無論開家長會還是村幹部上小學做報告，大家一律要求希望老師要痛打孩子們。

「打！給咱痛痛地打！這幫東西，三天不打，上房揭瓦！」

老師打斷教鞭，學生偷走教鞭，沒關係：村裏會派人扛一捆新的來。

除了打人，老師當然要教書。打人、教書之餘，老師還發展好學生加入中國少年先鋒隊，簡稱少先隊。

什麼人可以加入少先隊？標準是有的。不過，具體吸收批准，是組織上的事，是我們老師的權力。所以，孩子們從小得學會靠攏組織，得聽老師的話，當「毛主席的好孩子」。這樣，才能入隊、進入組織，而不被孤立。

我們村裏的小學，四個年級一個班。一個教員，既是教師，又是校長，還是少先隊輔導員。人們說他是一個「孩子

王」，豈止。他實在就是一個領袖人物小帝王。又一個「二毛主席」。只是，他不曾像我村的支書自己宣揚罷了。

調皮孩子、搗蛋學生，老師除了加力痛打，還不准他們入隊，予以孤立。痛打孤立之餘，有時還要發動少先隊來鬥爭他們。

我讀小學期間，學生張有貴、張學厚都被鬥爭過。

鬥爭程序大略如下：老師先數落缺點毛病，點著鼻子罵。罵的字眼很豐富，有「學害、混蛋、死皮、賴貨、王八羔子、大灰驢」之類。接著是體罰，踢屁股、抽耳光、揪耳朵、拽頭髮之類。老師罵累了、打乏了，然後叫少先隊員們來鬥爭。具體的鬥爭辦法，先是圍攏了鬥爭對象，呼口號，唱「自由主義，你這個壞東西」的歌子；然後大家排隊上前，挨個給大灰驢的臉上吐唾沫。大灰驢還不能擦，得任其自乾。

鬥爭的殘酷恐怖程度，與鬥爭「五類份子」不相上下。

我當時是班幹部、少先隊隊委，但也挨過鬥爭。原因是同情壞學生，與大灰驢們沒有劃清界線。鬥爭範圍小一些，由班幹部和中隊委員們來鬥爭。每天中午放學後半個小時，下午放學後一個小時，連續鬥爭半個月。沒有被吐唾沫，但我們老師給我上綱上線，有「立場問題、支援壞份子、背叛組織、離心離德」等罪名。

當時，我還不到十歲。我被鬥爭到認錯檢查、當眾痛哭流涕的地步。那種人格恥辱與孤立恐懼，至今難以少忘。

# 15.鑼鼓慰問烈軍屬

建國後的新式小學，儘管打手板與掄教鞭方面與舊式私塾相彷彿，畢竟有許多新鮮玩藝兒。孩子們除了宣誓入隊戴紅領巾，過「六一」國際兒童節，我記得還有一項不可或缺的活動，就是一年兩度慰問烈軍屬。

我村有幾戶烈屬，或者女人歿了丈夫，守寡；或者母親死了兒子，一旦提起，淚眼婆娑。烈士當然是指八路軍、解放軍裏犧牲的人；參加國民黨軍隊者，即便是打鬼子犧牲，也不算烈士。烈屬人家，據說在烈士犧牲之初，政府一次性發放過撫恤金，一百斤、二百斤小米不等。家屬們到縣裏民政部門哭鬧屬害些的，聽說也還能鬧回些錢來。國家窮，也罷了。

此外，一年兩度，傳統的清明節與「八一」建軍節，小學老師要率領我們敲鑼打鼓上門去慰問。

歿了兒子與丈夫的女人們，平時提起傷心事尚且流淚哭泣，這時就都哭暈過去。有的，身體僵硬如鐵，幾個人彎不回來。這在醫學上叫「強直性休克」，老百姓叫「挺僵」。鑼鼓慰問中，女人們「挺僵」過去，家裏人就出來攆我們走人。老師與學生都傻了，鑼鼓頓時也啞了。

老師臉灰灰地率領慰問隊伍回學校。半路遇上村幹部，老師上前表功，幹部們也沒什麼誇獎話：「想敲鼓玩兒，不興在學校裏敲？那號人家孤兒寡母的，萬一出個事兒，誰負責？」

我們老師就完全黑封了臉面，跳上講臺罵娘：「他媽的！慰問你家哩，是給你家報喪哩？裝死挺僵，嚇唬誰哩，想訛賴誰哩！」

鑼鼓慰問烈軍屬，便是這樣一個結局。

到第二年，依然要搞鑼鼓慰問。與學校鬥爭會相比，班上搞運動如果是我們老師的創造，慰問烈軍屬則屬於教學大綱的規定，目的是要通過這樣的活動來教育孩子們。其本意原不是為烈軍屬服務，而是專為教育孩子設計的。具體到我們村裏，一年兩度鑼鼓慰問，見兩番女人「挺僵」。我是每到此時就特別發愁；快到烈屬院子裏，緊張得要尿褲子。我不能聽女人們絕望的嚎哭，更不能見她們「挺僵」過去，七手八腳好半天救不轉來。

# 16.小學生救火

　　與鑼鼓慰問相配合，小學課文裏有關革命英雄主義教育的篇目也不少。

　　黃繼光用身體堵槍眼，董存瑞手托炸藥包，邱少雲燒死自己不暴露，種種故事大家耳熟能詳。還有女英雄劉胡蘭，十五歲被敵人用鍘刀腰剁三截。

　　自古以來，中國人教育孩子就喜歡樹立聖人楷模。傳統文明講孝弟，《三字經》裏樹立榜樣道：「香九齡，能溫席」，「融四歲，能讓梨」。孩子們得是神童天才，還得是少年聖人。魯迅先生曾經用最黑的詛咒控訴過那種教育對兒童天性的戕害。

　　建國後的小學教育、少年兒童教育，比古人有過之而無不及。

　　孩子們從小要愛黨、愛國、愛領袖、愛社會主義、愛新社會、愛解放軍、愛工人叔叔、愛農民伯伯，愛學習、愛勞動、愛勤儉、愛衛生、愛聽話、愛靠攏組織，愛得筋疲力盡；還得恨階級敵人、恨舊社會、恨國民黨、恨蔣介石、恨美帝國主義、恨地富反壞右，恨叛徒、恨特務、恨走資派、恨臭知識份子、恨封資修，恨得頭暈目眩。愛恨交織，冰炭一爐，還不算，還得學英雄、當英雄，做當代小聖人。

　　好不容易打敗了日本鬼子，國共兩黨又打得血流成河。老

百姓遭得什麼罪過？劉胡蘭，十五歲，被鍘刀腰斬三截，如果說在於控訴敵人的殘暴戰爭的恐怖，還有幾分在理；要孩子們學英雄，怎麼學？

到和平年代，到改革開放新時期，還在全國掀起一個要孩子們「學賴寧」的運動。賴寧的事蹟，是去撲滅山火，結果水晶少年被燒成了焦炭。

山林失火，何等威勢。要救火，也是消防隊的職責。主動參加救火的，或者可以是有能力保護自己的成人。

在我們村，在我們小學，在我們老師的率領下，我曾經參加過撲滅山火。所謂救火，如實講，也就是在遠處吶喊觀望而已。因為山火猛烈，熱浪翻湧，孩子們根本就靠近不了失火現場。

後來，在八十年代，比賴寧更早些，我們村裏又是山林失火，老師帶孩子們去救火，有三個小學生被燒死。他們是我的堂弟、堂妹，都不到十歲，都被燒成了焦炭。收撿屍體的時候，小孩子的屍骨不滿一簸箕。

我認為，煽動所謂革命英雄主義、帶孩子們去救火的教師應該被判刑！

倡導這種所謂革命英雄主義的教育方針，應該沉痛反省。

然而，比起有些人的「事業」，生命不值什麼。人民，包括小孩子，應該奉獻、應該犧牲。

即便是事故，即便是指揮失誤造成的生命損失，也會表彰英雄，樹立新的楷模。在學英雄、做英雄的鼓噪聲中，事故責任者安然逃遁，甚至因發現英雄、培養英雄而撈票得分，仕途升遷。

# 17. 人民公社

到1958年，我剛滿十歲，快要初小畢業，突然開始大躍進。說是成立了人民公社，村子裏強迫人們吃食堂。大家一塊吃名副其實的大鍋飯，就一舉進入了共產主義。

合作化，嫌化得不夠，來個高級化；高級化，還不滿意，搞起公社化。偌大的國家，成為領導者共產黨，特別是毛主席個人的試驗場。變著花樣來試驗，為所欲為。往往還要借用、盜用「人民」的名義，說是人民的希望、願望。

我們的體制建設，幾乎完全從蘇聯搬來。蘇聯在農村搞集體農莊，我們便搞合作社。如今學生超過了老師，我們搞起人民公社，自得地宣傳說，是一個偉大的創造。歌子裏讚嘆道：

人民公社是一座金橋，是通向共產主義的路一條。

在農民的生產工具還停留在鐵鍬、鎬頭、耕牛、木犁的狀況下，生產力停滯不前並無發展的狀況下，調整生產關係分配制度，急於由一家一戶的基本生產消費單位所有制，過渡到集體乃至全民所有制，妄圖在一個早上建成共產主義，小農狂想甚囂塵上。

具體到廣大農村，老百姓有什麼奈何呢？合作化、高級

　　化，說化便化，大家只能任由上邊的政策來一化再化。公社化，也只得讓它化去。

　　照例是紅旗招展、鑼鼓喧天，群眾大會、幹部報告，我們村所屬的莨池鄉就叫成了莨池人民公社。老百姓被告知，從今往後就是什麼公社社員了。當然，階級敵人「五類份子」依然戴帽子、受管制，不能算光榮的公社社員。

　　無論社員還是非社員，突然被告知：從今不許各家各戶燒火煮飯，要一律吃食堂。說是這樣就基本實現了共產主義。

　　食堂化，先是從各家沒收糧食。半夜三更，支部人員率領民兵翻牆進院，擂鼓似的打門。怕農民私藏糧食，搞突然襲擊。民兵們帶著口袋，衝進屋子，掀糧缸、清席囤，包括蘿蔔窖、地窖子，徹底搜查，將戶家們的存糧盡數搶奪罄盡。老人、孩子為下火，在枕頭裏包幾升綠豆、小米，也撕了口子傾倒乾淨。

　　早兩天，食堂化消息風傳，有人勸奶奶再不要儉省，抓緊吃兩頓好的吧。所謂好的，也不過是小米乾粥、不摻糠的玉米麵窩窩。奶奶卻不忍那樣狠吃狠拉。

　　到民兵半夜來起糧，奶奶披衣坐起，長長地嘆息：「唉，老天爺！我可什時死了呀！」

　　大伯蹲在地腳抽煙，煙鍋子火頭明滅。

　　合作化時，如果只是土地歸公、牲口歸公，一旦食堂化，殷實農戶省吃儉用積存的一點餘糧也被剝奪乾淨了。

　　一夜雞飛狗跳之後，第二天一早，家家戶戶都端了大砂鍋

到食堂去打飯。絕大多數老百姓都是一副無可奈何或者麻木不仁的神態，只有少數人敲了砂鍋唱秧歌。

唱秧歌的主兒，多是土改時打人、吊人的光棍痞賴們。土改運動，白著手兒，既分房子又分地，秧歌初唱。一樣分了地，這幫東西好吃懶做、賭博鬼混，早開始賣地賣房。合作化算二次救命。行不行，十分工；夠不夠，三百六。秧歌再唱。人人口糧三百六，年年缺吃的、討救濟的，還是他們。如今天上掉下個食堂化，共產主義早來到，可以海開肚皮吃飯，不唱秧歌等什麼？

至於家家戶戶都端砂鍋上食堂，這兒的「砂鍋」不是我隨意使用的名詞。因為老百姓家裏的鐵鍋都強迫上繳了，集中到大隊部的院子裏全部捧碎，說是要支援國家大煉鋼鐵。

總路線、大躍進、人民公社，三面紅旗迎風飄揚。

窮過渡的狂熱才剛剛開始。

# 18.支援國家建設

　　成立了人民公社，全民吃食堂，有集體大鍋飯，所以各家各戶不能保存自己做飯的鐵鍋炒瓢。一律交到大隊部院子裏，砸得粉碎。砸碎的鐵片被大車拉走，說是支援國家大煉鋼鐵。

　　本來已經是鐵製的器物，砸爛了，去煉鐵；煉了鐵，再製成器物。——這道理多麼聱口。但幹部們理直氣壯，說一切都是為了支援國家建設。這樣偉大堂皇的道理之下，農民有什麼話說。老實人家，將鐵鍋交來，乖乖地放到指定地點。像我奶奶，怕人笑話，還特別指令大娘把鐵鍋洗得乾乾淨淨。歪硬角色，將鐵鍋狠命摔碎，大隊部的院子裏像是發生了明火搶劫。

　　過了不久，支書率領民兵又到各家來收銅器、錫器。凡是銅製、錫製鍋盆、水瓢、香爐、蠟臺、酒壺、茶墊、銅煙鍋、錫油燈，一律沒收。老百姓家裏豎櫃、躺櫃上的銅飾件，也通通搗砸下來。

　　大娘受了驚嚇，發作了驚厥的毛病。大伯說了兩句：「你們要收銅飾件，不興慢點嗎？」

　　民兵們斜擰了脖頸，訓斥大伯：「老大，支援國家建設，你不滿意？你反對？你——哈哈，你這個煙鍋子也是銅的！」

　　不由分說，將大伯的銅煙鍋抹下來，扔進沒收銅器的麻袋裏。

　　祖傳的兩頂豎櫃，奶奶盡日使核桃仁兒擦抹，上邊的銅飾

件要用牙粉來擦拭護理。如今被一氣搗砸，十分心疼，扭著小腳下地來理論：「成物的不毀，你們這是造孽呀！」

支書民兵到底尊重老人，好生婉轉來解釋：「老人家，這是支援國家建設。銅飾件交給國家，國家去煉銅；國家煉了銅，再做成銅飾件，到時候，你想買什的銅飾件有什的銅飾件！」

如此狗屁理論，良善百姓誰能辯駁？奶奶還是那話：「國家那個東西，它永不死嗎？好人不長壽，害貨一千年。活一千年，它也有個死！」

——土地改革，沒收地富浮財，剝奪了鄉間的金銀貴金屬。到人民公社，支援國家建設的口號之下，民間的銅錫器物盡數歸公。後來文化大革命，破四舊，連婦女們頭上的金銀銅錫釵環飾物、男人們的瑪瑙玉石煙嘴也都一概剝奪乾淨。

到農業學大寨的年代，社會主義與人民公社使近十億中國農民幾乎都瀕臨赤貧。

這便是許多人一再溫馨回憶、懷念的十七年。

# 19.大煉鋼鐵

農民的鐵鍋被拉走，據說都填到土高爐裏去煉鐵。

毛主席號召大煉鋼鐵，全國來了一個全民大辦鋼鐵的運動。土法上馬，全民參戰。鐵鍋、鐵礦，連同砍伐掉的樹木軲轆，胡亂填在爐子裏，結果，土高爐裏就燒結成一丈多高的一些頑鐵疙瘩。敲不爛、搬不動，陵園裏的墓碑似的，至今在許多地方的山野裏默然崛立。

我初小畢業，將要到外村讀高小的時候，上面突然發佈命令：村子裏六十歲以下、十歲以上的人們，不分男女，一律出村去大煉鋼鐵。

當年的時髦說法是：少年賽羅成，青年活趙雲；壯年是武松，老年勝黃忠；婦女賽過穆桂英，老太都是佘太君。我年滿十週歲，依鄉間的虛歲計量法，算十二歲，毫無疑問是一名小羅成。於是，不必上學，興高采烈地隨同武松、黃忠們一塊出村去煉鐵。

我們縣有一座磨子山，產鐵礦。全縣集中了上萬民工到磨子山來扛鐵礦，扛到三十里地遠的鐵廠來煉鐵。礦山這廂，有人分發礦石，心軟一點的，見孩子們稚嫩，只給我們發窩窩頭大小的一塊礦石。鐵廠這廂，有人負責驗收，扛來鐵礦的才給飯吃。最可憐的是老太太們，弓鞋小腳，幾十里山路，走都走

不到，坐在半路揉了小腳哭泣。本村的年輕人留了心，扛兩塊礦石，回來的路上分給老太們一疙瘩。

幾百人往返一趟，運送礦石不滿一礦車。興師動眾，何苦來哉？然而，上面要的就是這樣一種效果。一聲令下，全民動員，人海戰術，行動一致。要的就是全民大辦這樣的形式。至於是否煉得了鋼鐵、煉了多少鋼鐵，各級官員自然會用表報統計來抵擋。上邊一匯總，鋼鐵產量自然就達到某一輝煌的數字。且不會有誰來一斤一斤稱量。

到後來，有的小孩婦女在毛巾裏包一塊乾糧，假裝扛鐵礦。「上有政策，下有對策」，豈止是近年的發明。這兒能用上一句馬克思的話：「無政府主義，是對專制統治的一種反動。」

大煉鋼鐵的工地上，人們當然更是吃食堂。伙食相當不錯，小米乾飯儘管飽，「驢駒子」大小的窩窩頭隨便吃。有的人替國家擔心：照這麼海開肚皮吃，國家不給吃窮、吃敗了？多數人想不了那麼遠、那麼多。共產主義了，省下來知道是哪個孫子的？吃狗日的！

# 20. 大躍進

　　大辦鋼鐵，報紙口號宣傳說是鋼鐵元帥升了帳。但糧食元帥也不能老歇著。我們大煉著鋼鐵，到了秋收季節。上頭突然叫大家停止煉鐵，立即開始收秋。人們就從磨子山下開始，一路收割莊稼，一路回村。

　　那年的莊稼卻是長得格外好。玉米棒槌似的，土豆有茶槓大小。可惜收秋的人們被催趕了，前邊有紅旗招搖，身旁有戰鼓擂動，大家胡亂將莊禾砍倒、踩倒，將土豆苗子拔掉，帶出幾顆果實算幾顆。人群像鬼子拉網掃蕩一般越過莊稼地，就算收了秋。至於莊稼如何收回村子裏、怎樣打場，是後邊另一些部隊的事。他們打場的速度與我們收割的速度一樣，必須跟上紅旗在前邊前進的速度。

　　因為是大躍進了，大家收秋也必須是大躍進的速度。

　　就這麼以大躍進的速度收割打場，我們經過的每個村子都在黑板報上公佈著平均畝產的數字。磨子山下，畝產還是五百斤，大家都咂舌頭：「好傢伙！等回到我們公社一帶，糧食畝產在黑板報上已經變成了兩千斤。」

　　到一路收秋回到我們村地面，幹部們不許大家進村，當即開始收割莊稼。大家不滿意，但也積極開始了搶收：季節不等人，莊稼苗子早已枯死，莊禾穗實已經遭了霜凍。人們一邊罵娘一邊收割，好好的莊禾給凍死在地裏，糧食減產多少啊！莊

稼還沒收割完畢，公社派了工作員來給大家宣佈喜訊：「我們公社放了衛星。全公社平均畝產達到了三千斤！」

農民們面面相覷。大家太疲勞了，已經沒有力氣去聽那些胡說八道；大家也見慣不驚麻木了，平均畝產是由幹部們隨便決定，讓人家決定好了。

紅旗招搖中、戰鼓擂動裏，郵遞員還將喜報送到地頭。喜報上說，鋼鐵元帥大獲全勝，糧食元帥大獲全勝。我們縣在全省儘管沒有放了「衛星」，不曾坐上「火箭」，但也達到「噴氣式飛機」的水平。

——衛星、火箭什麼的，是大躍進時中壁報、黑板報上常見的宣傳形象與時代術語。在一個表示躍進速度的序列中，排在後邊的是什麼烏龜、蝸牛之類。而不論糧食豐收與否，幹部們都要爭取坐火箭、放衛星，誰也不敢講實話。你若不搞浮誇，敢說實話，那你就是一隻烏龜。甚至你就是與大躍進抗膀子。

# 21.深翻與密植

「男人秋墾地，女人伏納底」。秋收之後，按耕作經驗要
墾地。

這時，上邊號召農民要深翻土地。土地深翻過後，莊稼的
根繫容易紮得深，利於吸收營養。這樣道理農民焉能不懂，孔
夫子說「吾不如老農」，足見聖人風範。但上邊要以當今聖賢
自居，教導農民如何來種地。土地要深翻，而且深翻土地要搞
成一個運動。

又是紅旗招搖，戰鼓擂動，幹部呼口號，強迫農民搞深
翻。我們公社，規定深翻土地的深度要達到一米。否則，就是
與運動抗膀子。農民心裏知道，土地翻這麼深，多年培養的熟
土翻下去，生土翻上來，明年的莊稼準完蛋。但誰個敢對抗運
動啊！

結果，老百姓累死累活深翻一回土地，第二年莊稼矮黃不
堪。號召深翻土地的傢伙這時不知在哪兒吃大餅油條，且不來
承認錯誤。誰敢指出明擺的錯誤，誰就是反革命。

秋天墾地之後，我們家鄉還有一項耕作習俗，「點熏
窖」。

夏天，農民要割柴草，鍘刀切碎了，漚綠肥。秋天，農民
要點熏窖。所謂熏窖，亦是砍了柴禾，地裏挖好窖坑，上邊覆

蓋土層，點燃柴禾。但那柴禾並不充分燃燒，而是緩慢熏燃，柴草漸漸燃作灰分，土層亦燒作肥土。春耕時，好撒在地裏。

大躍進的當年秋天，我們村照例要點熏窖，大家砍回二十萬斤柴禾來。但公社幹部下達命令，全公社各村要在同一時刻點燃柴草，火焰要沖天，要讓縣裏的領導看到我們公社沖天的火光。二十萬斤柴草就那樣點了天火。

盛大的勞民傷財的表演，由來已久，積重難返。

秋墾地的同時，也就到了播種冬小麥的時節。我村苦旱，歷年播種小麥很少。一年裏不過大年初一吃一頓餃子而已。這時，上邊又來指揮農民如何下種。說是必須搞密植。種的多，才能打的多。這樣道理走到極端，當年公社下達命令，說一畝小麥必須播種三百斤！

這時，就不止是農民罵娘，連村幹部也開始操祖宗。一畝小麥，土地乾旱，種子落後，產量向來也才不過百十斤。下種三百斤，不是活糟蹋嗎？幹部們曾想藏過一些麥種來著，後來怕犯錯誤，覺著省下小麥還不知是誰吃，乾脆撒糞似的撒進地裏，落一個堅決執行上級命令的好操行。

小麥後來倒是出苗了，是密密麻麻的一片草坪。

戚務生那中國足球隊主教練有奇談怪論講：中國足球臭斷大街是因為中國沒有像樣的草坪。可惜足球隊員那些大爺們不曾早生一些年頭，無緣見識我村的超級豪華草坪。

# 22.「敢想、敢說、敢幹」

　　大躍進時代，黨中央號召人們要破除迷信、反對保守，要「敢想、敢說、敢幹」。浮誇風扶搖直上，假大空肆虐橫行。竟然有口號公開呼叫張掛，說是「人有多大膽，地有多大產」。

　　我如今供職的山西省作家協會，當年也搞大躍進：看門房的文盲大爺報了計劃，一年也要寫出長篇五部。掛牌詩人與民間歌手爭相獻藝，各種小農狂想的順口溜見刊見報，周揚還撰文鼓吹說這就是「革命現實主義與革命浪漫主義相結合的典範」。除了這麼評價過毛澤東的詩詞，還沒見有誰敢對什麼作品有如此高度評價的。

　　典範詩歌有大家耳熟能詳的那一首：

　　　天上沒有玉皇，
　　　地下沒有龍王。
　　　我就是玉皇，
　　　我就是龍王。
　　　喝令三山五嶽開道：
　　　我來了！

　　其他還有，「一顆高粱長上天」因而農民可以「湊著太陽抽袋煙」之類。

我記得比較有趣的，還有這麼一首：

　　一顆芝麻光溜溜，
　　榨出油來發了愁。
　　六億人民吃不完，
　　流遍四海五大洲！

　　荒唐無稽，不勝枚舉；荒誕幽默，絕對新潮。這樣的浪漫主義，只是《封神榜》、《西遊記》的現代版，其想像豐富到極致，也不過是小農狂想。個體生命可以成仙變佛，法力無邊；自家種的莊稼能夠長得特別大。究其本質，與近年肆虐的「氣功大師」、「人體生命科學」屬於一路貨色。

　　而創作從來都是源於生活，大躍進時代的生活現實荒誕、荒唐的程度，正是上述典範詩歌的源泉。

　　我還是舉例來說吧——

　　大躍進中，我姥爺在工地開山取石時負傷，奶奶拿出一塊我爹從太原捎回的月餅著我去探視。姥爺是他們村上的老黨員，支部宣傳委員，我因而就偶然讀到一張權威的《人民日報》。那份報紙被姥姥糊了頂棚，而我那時視力尚好，其中一篇新聞就被我瞧個仔細。

　　新聞白紙黑字言之鑿鑿地介紹說，某地小麥平均畝產八萬斤，而衛星田的畝產竟然達到雙十萬！

　　畝產雙十萬是個什麼概念呢？我那時不僅視力好，數學成績也從來不曾低於於九十九分。一畝地折合六十平方丈，畝

產雙十萬就是每平方丈土地要產小麥三千三百三，亦即十六點六六麻袋！那點面積便是堆放裝滿小麥的麻袋，都怕是不夠。

這不是造謠嗎？謠言還能夠惑眾。那麼是純屬放屁？屁都有些臭氣。

怪不得人們都說，我們的報紙上除了日曆都是假的。

老農民連報紙上的日曆都不敢相信，婚喪娶嫁還得瞧皇曆。

# 23.衛星田

　　權威的《人民日報》都是那樣地「敢幹」，黨的各級官員還有什麼不敢幹。揣測上意，托臀捧屁，可以討得龍顏大悅、加官晉爵，何樂不為。

　　封建帝王時代，有的地方官員曉得報喜不報憂，上奏本地「天降祥瑞、稻生雙穗」之類，以取悅當今聖上，謀求升遷。吏部、禮部或將駁斥下去，指責這種阿諛君王的劣行。到大躍進時代，個別行為氾濫作整個官僚體系的通病。大家爭相浮誇、比賽拍馬，在古今中外歷史上也算放了「衛星」。

　　毛澤東出身農家，尋常視察大江南北，「麥苗兒青來，菜花兒黃，毛主席來到我們農莊」，他的數學再差，不知道畝產二十萬是胡說造謠嗎？老人家怎麼想的，真是「子非魚安知魚之樂」。

　　「綠化」是一個久吼不衰的口號，甚至也搞過多次運動。依國家統計，依權威報紙屢年公佈的數字，中國人綠化大地的面積早已將整個地球綠化了八十六遍。中國綠不綠、化沒化，反正老百姓給封了嘴巴，上面有駝鳥政策。

　　因而，報紙上說小麥畝產二十萬，也只好讓它去說。老農民有什麼辦法？小學生有什麼奈何？然而不幸的是無獨有偶，我在姥爺家的頂棚上讀到《人民日報》的那樣一條新聞，在高小語文課本上又不得不學習一篇叫做〈衛星田〉的課文。

全國發行、全國學生通用的當年語文課本，如今絕對不難找到。〈衛星田〉那篇課文以作者親眼目擊的口氣講：「大家去參觀衛星田，驚動了田邊的螞蚱與青蛙，小動物們驚慌逃竄，竟然蹦不進莊稼地，因為搞了密植，莊禾秸桿沒有空隙。更有甚者，為了歡迎參觀人群，有姑娘與小伙子們在衛星田未收割的稻穗上跳舞！」

這樣的課文發行全國，要所有當齡的孩子們來學習，可怕不可怕？

或曰，孩子們不相信那種胡說八道也就是了。事情偏偏沒那麼簡單。要孩子們愛黨、愛國、愛社會主義，相信黨、相信社會主義，又要孩子們能夠分辨真偽、區別善惡，這就太難為孩子們了。況且，學校要考試！要考語文，更要考政治。考試，現實的功能是決定學生的分數，能否升級；長遠的意義上則要決定一個人的終身。

你不按標準答案書寫考卷，你將受到直接的懲罰打擊：不予及格！

假如你竟然政治不及格，那就極其危險了。你極有可能脫離人民的群體，而墜入敵人的行列。

政治是什麼？政治是不流血的戰爭。

彭德懷在廬山會議上替老百姓說幾句話，戳穿一點浮誇風、假大空，就把他打成反黨集團。劉少奇、周恩來等無產階級革命家，一律舉手同意這種「打成」。

這就是政治。

衛星田，畝產雙十萬，都是政治。

# 24. 反右傾，拔白旗

大躍進的狂熱，從1958年升溫，一直持續了將近兩年。浮誇風、共產風颳得天昏地暗；瞎指揮、大冒進愈演愈烈。國民經濟損失慘重，六億神州民不聊生。

在文藝界，我知道有作家趙樹理熟悉農村、瞭解民間疾苦，給中央上了萬言書；在政界高層，則有元帥彭德懷於廬山會議為民請命。為民請命者，絕對不止這幾位；熟悉情況、明瞭現實者，更不止這幾位。但經過歷次運動的「教育」，人們不得不學會了明哲保身，我們實在無權苛求當時的人們：你們為什麼沒有犧牲精神？為什麼不用生命捍衛真理、捍衛講話的權利？而趙樹理、彭德懷實在應該受到我們後人的尊敬，即便有另外的哲學：曹雪芹在《紅樓夢》中借賈寶玉的口說，昏君、暴君當道，「文死諫、武死戰，都是胡鬧」。

彭德懷是給打成了反黨集團，趙樹理則被定性為右傾。

強權即是公理，成者王侯敗者賊寇。

反對毛主席就是反黨，你說就是你錯。

「路線鬥爭」的觀念，強迫性地植入人心：沒有是非，只有路線的選擇。你選擇永遠正確的毛主席的路線，你就是正確的、革命的、安全的；否則，你就是反對毛主席，你就是錯誤的、反動的、危險的。

不贊成狂熱發瘋、不擁護小農狂想、不參與浮誇造假，你就是右傾。

我們村子裏，黑板報與牆壁上的口號標語一律換成「反右傾、鼓幹勁」的字樣。

聽說上邊號召「插紅旗，拔白旗」，我們村便也開始了新一輪的運動。

既然是上邊喜歡的運動，下邊必然將運動擴大化，而且有創新。村子裏，大家都吃食堂，都大躍進，誰紅誰白呢？我們小學老師用查衛生的辦法來運動。查衛生，卻也不是公平查衛生。地主、富農人家，即便十分乾淨衛生，也都一律插了黑旗。其他村民，才按衛生情況來插旗。衛生差的，在大門上都給插上了白旗。

拔白旗，結果在我們村變成了插白旗。

但在鄉間，喜事尚紅，喪事尚白，門口給插了白旗的人家十分不滿，罵娘、操祖宗的將白旗拔掉。而不衛生的人家當中，絕對是貧下中農居多，這幫大爺更衝出來要打人。我們老師當先抱頭鼠竄。

村裏參加過八路軍、解放軍的，本來愛吹呼彭老總如何用兵如神，聽說中央打倒彭德懷，更加十倍地義務宣傳神化這位大將軍。歌贊清官，反映著無奈的民眾千百年來的期盼；與莊稼地裏罵朝廷，相反相成。

# 25.「十五年趕上英國」

　　大躍進一開始，還有一個口號，叫做「十五年趕上英國」。

　　我當時足夠年幼、足夠愛國，相當的「沙文主義」，多年的宣傳給我造成的印象感覺，我們中國是世界上最好、最大、最繁榮富強的國家。如今，我們原來還得趕什麼英國，而且需要十五年之多，我的詫異失望難以名狀。

　　他們是腐朽的資本主義，甚至是反動的帝國主義，而我們是偉大的社會主義，甚至已經進入了吃大鍋飯的共產主義，我們為什麼還得趕他們？

　　村子裏的黑板報上，關於趕英國的主題宣傳，則概括為一句口號，叫做「超英壓美趕蘇聯」。而無論口號多麼宏偉，已經無法撫慰一個愛國兒童受傷的心靈。

　　這時，我們家族出了事。我的七叔在太原一家兵工廠上班，因為講關於「十五年趕上英國」的怪話，被拔了白旗，開除廠籍，強迫勞教。

　　父親弟兄七人，老七綽號叫「老豬」。那是一隻十足的豬頭，認死理，抬死槓，強牛筋，二百五。關於「十五年趕上英國」，他在工廠裏議論說：「那英國叫釘子釘死了嗎？釘在地下不走，叫咱們趕？」

　　如果在一個言論自由的國度，老豬的話也不算什麼。然而

老豬這話講在中國，而且是在大躍進時代，老豬就無可逃遁地被拔了白旗。

七叔坐了勞教，開除了公職，結果是老婆離婚，家破人亡鬼吹燈。他後來勞教期滿，乖乖地被趕回家鄉農村，打光棍，當「勞教釋放份子」。但老七卻畢竟是豬頭，他在被強迫勞教的時分，仍然足夠二百五。這傢伙強著脖頸與管教人員爭辯：「現在我坐勞教，不怕；十五年之後咱們國家要是趕不上英國，誰負責？提那口號的人，坐不坐勞教？」

——到文革中的1973年，大躍進過後十五年，國民經濟瀕臨崩潰。有外國記者向周恩來提問：「十五年趕上英國的目標完成沒有？」《參考消息》上透露過這次提問與周恩來的回答。提問照例被形容為惡意的挑釁，周恩來王顧左右而言他的外交詞令備受推崇。堂堂大國總理，到了依靠巧言善辯來維護門面的地步。

# 26.「三年自然災害」

　　大躍進的小農狂熱終於受到了懲罰，短命的共產主義大鍋飯吃到了頭。中國進入所謂的三年自然災害時期。神州赤縣，餓殍遍地。到處餓死人，有的地方人相食。

　　中國各省，每省都有餓死老百姓的現象。以河南、安徽、貴州、甘肅等省餓死人命最多。

　　貴州山野裏，有饑民將穿幹部服裝、吃供應糧的人砍死吃掉的事件。

　　在甘肅，餓瘋了的老百姓竟然掘墳墓。稍微新一點的墳頭，屍體尚未爛透，人們挖出屍體來，大鍋煮了來吃。

　　我是1968年入伍的士兵，69年入伍的河南兵在部隊憶苦思甜大會上哭得死去活來：農村兵沒文化，以為是叫大家真個憶苦。有許多新兵，都吃過他們餓死的父母的肉！

　　餓死人命最多的河南省有一個作家李准，他的最著名的小說《李雙雙》後來還改編成電影，歌贊的恰恰正是食堂化。揣測上意，迎合政策，是許多作家不無苦澀的選擇。我們不必太過苛求前輩同行。但時至今日，《李雙雙》電影仍然一再播放，作家李准從來沒有任何一點反省與懺悔。作家，果然都是什麼「人類靈魂工程師」、都是什麼「社會良心」嗎？

　　在全國，山西餓死人不是最多的；在山西，我們家鄉盂縣餓死人也不是最多的；在我們縣，我們萇池公社還不是餓死人

最多的；在我們公社，我們紅崖底村又不是餓死人最多的。但據我的回憶，60年到61年，我們村攏共四百口人，餓死的人數達二十餘名，超過了百分之五。

可以說，在所謂「三年自然災害」期間，中國的餓死人命絕對超過整個抗戰八年國人因戰爭死亡的人數。

「三年自然災害」，所以冠之以「所謂」，因為「三年自然災害」說法本身是一種欺騙，是一個託詞，是自欺欺人的謊言。以中國之大，毛澤東當年打游擊時講過的，「東方不亮西方亮，黑了南方有北方」，什麼樣的自然災害能夠覆蓋全國九百六十萬平方公里的國土？據氣象學家確鑿的資料統計，那幾年中國有自然災害；但災害雖不比往年少，卻也不比往年多。分明是小農狂熱指揮失誤、浮誇冒進，分明是地道的人禍，卻輕巧地推諉給莫須有的自然災害。

爭功諉過，面對餓死的數千萬冤魂，口出謊言不倦，叫人怎麼誇獎它？

「過去的，就讓它過去吧！」這樣的佈道聽得人毛骨悚然！

巴金老人建議建立文革紀念館。

我建議：應該在全國各地建立六十年餓死人民紀念碑。

以悼念死者，以尊重歷史，以拷問罪人。

# 27.大饑饉與浮腫

改革開放以來，一個包產到戶、還田與民，救了中國。糧食連年增產，國家糧庫與老百姓的糧囤存糧溢滿。千百年來，國人貼春聯在糧囤上書寫「糧食滿囤」的祝詞，而今竟成現實。朱鎔基總理驕傲宣稱：中國三年減產，糧食夠吃！

電視、報紙各種傳媒上，減肥藥品的廣告不時出現。肥胖婦女與超重兒童，得了資產階級闊太太們當年才有的病：胖得發愁。

雖然中國尚有人們不得溫飽，遍及城鄉的吃喝風卻也屢禁不止。人們幾乎已經忘記了可怖的1960年大饑饉。

大饑饉年代，由於饑餓，缺乏營養，國人普遍浮腫。浮腫是怎麼回事，浮腫有何可怕，不曾經見過的人怕是很難想像。

59年後半年，我們村裏的食堂解散。因為浮誇風，我們公社宣佈糧食畝產三千斤，糧食幾乎全被拉走，社員沒有留下多少口糧。由於大鍋飯，共產主義早來到，從各家收繳上來的糧食也糟蹋乾淨。食堂壽終正寢。

勉強熬到收秋，深翻與密植又搞得普遍減產，我村人均口糧只有七十來斤。每人每天平均口糧二兩五。各家恢復自己煮飯，自然又得買鐵鍋，這也罷了，只是鍋裏做不出飯食來。一天二兩五糧食，餵一隻大麻雀差不多。一般人家都在那一點糧食裏大量摻糠，到開春之後，則依賴野菜、樹葉來充饑。

　　我當時已經讀高小六年級，和大家一塊跑校。跑校生，中午帶一塊乾糧當午飯。大家一律都是糠窩窩、菜餅子，而且小得可憐。剛出村，就都吃光。大家只好翹課，在莊稼地裏翻去年的秸桿，希望找到一點穗實，立即生吃。

　　我家還是奶奶掌家，人均口糧一天二兩五，嚴格執行。絕對不許超過定量，以防日後斷頓。糧食裏大量摻糠，不僅粗糲無比，難以下嚥，最是大便乾燥，極其困難。小孩子們哭吼連天，成人則只好下手去摳。十分不幸，我也幹過那種不衛生的行徑，否則就要憋死。細節之一：每每只能摳下杏核兒大小的塊子，掉在茅廁板上叮叮作響。

　　到各家連糠也吃完，開始挖野菜、捋樹葉。我們滿村的楊樹、榆樹、柳樹乃至杏樹、臭椿樹的葉子全部捋光，沒有樹葉的樹木怪異地挺立在大地上。大人、小孩紛紛拉肚子，「千村薜蘿人遺矢」，滿街的小孩糞便都是綠的。

　　於是，人們開始浮腫。大家的小腿都腫到水桶粗細，臉子虛胖到面盆大小。面盆大小的臉子上沒有表情，明光瓦亮。浮腫了的人們，或者哭著說或者笑著說：「這是腫了，到塌下去，就該死了！」

　　無論哭還是笑，虛胖的臉上紋絲不動，十分可怖。人們是那樣無奈平靜地預想自己的死亡，猶為令人恐懼。

　　到60年初夏，我們村開始連續死人，以至於半死不活的人沒有氣力來打發餓死的村人。

　　消息傳到城裏，我村在陽泉下煤窯的工人和早年在太原做事的人，紛紛回村來幫助處理喪事。我爹連著打發過六七個

死人。有的人虛腫胖大，屍首幾乎放不到棺材裏去；而出殯時分，屍體腐爛，惡臭黃湯從棺木縫隙滲流下來，淋漓滿街。有人說：「唉，這是淋了醋啦！」

多數人，木然不語，注視著出喪隊伍走向墳墓。也許過幾天，出殯淋醋的就是自己。

在報紙上，在意識形態領域，三面紅旗依然迎風飄揚。

# 28. 增量法

在我們村裏，當然也有人不挨餓。大隊飼養員們可以偷一點馬料。黑豆磨在麵裏，看著不漂亮，吃著頂用。支書大隊長和會計家裏也不餓。我村的支書，就是自稱「二毛主席」的人物，在他家豬圈裏，都發現了小米乾飯。有小孩子跳進豬圈搶豬食，被他拎了耳朵揪出來，賞了一通暴打。

初小的老師、高小的教員，情況好一點。吃供應，每月保證有二十幾斤糧食。

跑高小的學生，中午時分，早已沒了食物。女學生們，蜷伏在課桌那兒一動也不動；男學生裏的大同學，設法去飼養院偷馬料，假裝看牲口，從牲口槽裏撿幾粒碎料豆吃。飼養員們憤怒地來驅趕，而牲畜們也著實可憐，皮包骨頭，尾巴骨尖利鋒銳，幾乎能做針箴。

不懂事的學生，還免不了到教工食堂去圍觀老師們吃飯。

老師們吃玉米麵窩窩，有時竟然吃饃饃！吃饃饃的老師，還不樂意叫人圍觀，聲色俱厲地攆大家離開。我們那時都格外痛恨老師。

高小裏有一架風琴，六年級的班主任老師會奏琴，音樂課教大家學唱那首歌子《社會主義好》：

社會主義好，

社會主義好，

社會主義國家人民地位高！


風琴伴奏，曲調優美，但大家沒有很大力氣來歌唱。我們讀高小的神泉村，也在不停餓死人，教室窗外不時飄進出殯嚎哭的聲音。嗩吶吹奏著《大哭靈》，淹沒了我們的《社會主義好》。有的學生剛剛餓死父母親人，會突然掉淚。

我們老師很生氣。給大家做報告、訓話。校長和班主任都說：「有人喊餓，是胡說八道，是給我們的社會主義抹黑！」

立場問題，右傾思潮，還要上綱上線。

過了不久，老師們也都感覺不那麼飽了。他們的老婆、孩子在農村，要剝削他們。長年沒有副食補充，他們豈能不餓。又不像老百姓，可以吃糠嚥菜，他們只是在飯食裏拼命多放鹹鹽。結果，老師們也有了浮腫的。

校長老師已經不能否認挨餓的現實，又給我們做報告說，我們中國發明了偉大的「增量法」。這方法對世界保密！

增量法或者果然對世界保密，對我們卻並不保密。所謂增量法，就是在蒸窩窩時多加水。一斤麵，加六兩水，可以做窩窩。加一斤水，只能做煎餅。加兩斤水，就是增量法。結果，仍然是一斤麵，做出三斤稀糊糊來，稀狗屎似的從籠屜上弄不下來。這就叫增量法，而且對世界保密！

我們的一些「反特」電影故事片，也總是愛設計類似情

節：美國特務要來偷我們的科技成果，祕密圖紙什麼的。自欺欺人，豬鼻子裏插蔥混充大象。

我們那麼先進、那麼現代，又何必十五年趕什麼英國。

增量法一類的偉大發明，還是趁早叫美國、英國、法國、義大利等所有帝國主義國家的特務偷去吧！

——我們村的小學老師，大號李榮耀。積極表現多少年，結果因為當年做過舊軍人，在大躍進之後的收縮調整政策中被處理回村。吃供應的主兒回到貧下中農的手下，立即被打成了壞份子。

——高小的一位張老師，二十幾歲，因為饑餓偷了一把馬料，上吊自盡了。農民尊重讀書人，飼養員看見了假裝沒看見。但讀書人臉皮薄，自己無顏見人，尋了無常。

# 29.蘇聯老大哥逼債

60年夏天，我高小畢業。因為村裏實在待不下去，我只得離開家鄉，到太原來讀中學。從此，隨父母在城市生活，吃供應，當市民。

讀了中學，學校依然對學生不斷進行政治思想教育、道德品質教育。對於三面紅旗、窮過渡、大失誤造成餓殍遍地「人相食」，學校老師代替官方所做的堂皇解釋有兩條。

一條是中國遭受了連續三年特大自然災害；一條是蘇聯向我們逼債。

頭一條，將責任推給老天爺。老天爺不支持三面紅旗。第二條，埋怨老大哥不可憐小兄弟。把矛盾引向外面，轉移人民的視線。手法雖不高明，但也常用常新。

建國前中共與共產國際的特殊關係、建國後中國所處的獨特國際環境，決定了中國與蘇聯的非常友誼。畢恭畢敬地稱呼蘇聯老大哥，小兄弟好生溫良恭儉讓。宣傳方面，又一貫性地喜歡走極端。莫說非議蘇聯，就是老百姓不喜歡蘇聯花布，也要當成政治問題來處理。蘇聯支援中國建設，固然是好；但因此便絕對不許有任何不同意見。蘇聯機械笨重，蘇聯專家不熟悉中國實際，我們的專家提出哪怕十分正確的意見，也不成。給蘇聯提意見就是反對社會主義，就是反黨，就是反革命。

蘇聯出了個赫魯雪夫，對史達林的專制暴政有所撥亂反

正，我們就攻擊其為背叛了列寧主義，是什麼修正主義。中國歷史發展到不得不推翻兩個「凡是」、進行改革開放的時代，朝鮮、阿爾巴尼亞一類堅持所謂的純而又純社會主義的國家，不是也詛咒我們背叛了馬列主義嗎？

但在當時，我們可以講是相當粗暴地干涉蘇聯內政，相當粗暴地干涉兄弟黨的內部事務。上面與老大哥翻臉交惡，便開始對老百姓宣傳「蘇聯逼債」的論調。

什麼叫逼債？借債還錢，有國際慣例在。莫非我們原先就預謀賴債不還的嗎？

——有一齣著名的革命樣板戲《白毛女》，從解放前在解放區創作演出，一直演到現在。盛演不衰，目為經典。依那戲文的邏輯，楊白勞借債是可以的，還錢就是不合理的。可惜蘇聯老大哥號稱北極熊，十分兇惡，並不像地主黃世仁一樣，輕易就被我們槍斃，不僅債務全部作廢，老傢伙的地畝房產也被通通剝奪乾淨。我們究竟是否欠了蘇聯債務？看來是真欠了。還債了沒有？也只好還了。我們既然沒有賴債不還的本事，叫苦又有什麼趣。

——無獨有偶，二戰之後日本國應該向中國實行戰爭賠款。賠款數額之計定，是根據中國在戰爭中的損失，包括中國人犧牲的數千萬同胞鮮血生命。中日邦交正常化之初，毛主席感謝日本鬼子侵略中國，打得蔣介石狼狽逃竄，「幫助」了中國共產黨，竟「天子無戲言」，一口謝絕了日方的賠償。南京大屠殺三十萬冤魂，整個八年抗戰犧牲的三千萬生命，九泉之下，如何瞑目？

# 30.九個指頭與一個指頭

60年秋天，我到太原讀中學。初中、高中都在著名的省立重點中學太原三中。

從初中開始，課程裏就安排有正式的「政治」課。

初中一年級，政治教員，一位姓郭的女老師給我們上課。關於農村出現饑饉，是因為「三年特大自然災害」和蘇聯逼債，就是這位老師給我們講解的。

當時，城裏人吃供應，饑饉恐慌尚未在城市蔓延。郭老師在課堂上以提問的方式，詢問班上有沒有瞭解農村情況的學生，農村到底餓不餓？我剛從農村來，環境陌生，未免膽怯，但問及饑餓，便據實回答。農村很餓，有人浮腫，有人餓死。

女政治教員看來不瞭解農村實際，課間功夫又細問了我許多鄉間情況。如何大躍進、怎樣放衛星，我也知無不言一回。

下一節課，郭老師相當耐心、相當善意地勸導同學們不要隨便講話。她委婉地講到「立場」問題，還生動地講述了「九個指頭與一個指頭」的道理。而我，立即天才地領悟到老師講課的精髓。

「立場」是一個常用常新的詞彙。中國人包括我這樣的中國農村出來的孩子，懂得這個詞彙的奧妙。立場，就是你站在哪一邊。你害怕當反革命，不想被管制、關押和槍斃，你就聰明些，趁早站在毛主席那邊。否則，你就站在了蔣介石那邊。

什麼叫「九個指頭與一個指頭」？我們村不過餓死二十餘人，不到總人口的百分之十；即便餓死四十人，也不過是「一個指頭」。「九個指頭」還活著，就是成績，成績巨大。

事實上，我又確實沒餓死，我存在於「九個指頭」裏邊。我還要怎麼樣呢？我的立場真不該有什麼可懷疑的。

不可理解者，我們偉大的社會主義餓死那麼多人，那麼腐朽反動的資本主義國家的人民早該差不多餓死光光了。我們聲稱要「十五年趕上英國」，不知什麼意思。莫非我們餓死的老百姓還不夠多，還要努力追趕？

──新時期文學之後，有個右派作家專寫監獄生活，創立「大牆文學」一派。其大牆精神、大牆典型即是：寧肯挨槍斃也不肯出國、去國。

這就是立場。

相形之下，我不過挨一點餓，只是幾乎餓死，就迫不急待地離開了養育我的可愛故鄉家園，我簡直就是一個可恥的叛徒。

# 31.排隊

排隊，是幾乎所有實行計劃經濟的社會主義國家特有的一種現象，是短缺經濟的必然產物。

如果說，我在農村時最害怕的是推磨，那麼，到城市來生活，最恐懼的莫過於排隊。

鄉下孩子，十來八歲，砍柴抬水、鋤地撒糞、自留地裏拔草、農業社裏掙分，什麼不幹。不存在使用童工的問題，而有自幼獲得勞動鍛練的優越。艱苦環境磨練了人，山野裏的勞動又使孩子們從小接觸著大自然。

至於推磨，也是農家不可或缺的一項家務勞作。農業社給戶家分糧，分的是原糧。吃米吃麵，都得上碾磨。牲畜歸了集體，使用牲畜來拉磨還得扣工分，只好人工推磨。推磨，磨聲隆隆，「雷轟轟而不雨」；繞了磨道，一圈又一圈，「路遙遙而不遠」；石磨巍巍，「石重重不山」；麵粉下得極慢，「白茫茫不雪」。重複無聊，疲憊不堪，要死要活一上午，磨不成三升麵。那是原始勞作對人的折磨，那是鄉村經濟交換中人的貶值。

來到城市，幾乎所有的日常用品都要票證供應。半斤醬油四兩醋，沒有票證買不到。由於蔬菜短缺，國營菜店裏突然來了一些菠菜、韭菜之類，每位顧客即便限購半斤，人們想要吃菜，也得排隊。隊伍經常排作長龍，從店裏延伸出來，首尾不

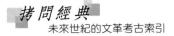

能相顧。隊伍行進的速度與你焦急的程度成反比,直將人急得要尿褲子。最可氣者,當你好不容易看到菠菜的綠顏色了,菠菜售罄。你白白像電線桿子似的在馬路上戳了幾個鐘頭。

下一次菜店來了黃瓜、油菜之類,怎麼著?不排隊休想買到。有人簡直得了排隊病,見了隊伍,先排進去再說。排到近前,原來是一所公廁。

供求之間嚴重失衡。除了政治口號、會議運動、意識形態、領域精神、原子彈產生著核聚變、核裂變,人民生活、人民存活所需要的起碼日常用品物資、物產、物質、物品極度短缺。

而且不許抱怨,不許叫嚷、不許不滿、不許「敢怒」,更不許「敢言」。不把你餓死,就是皇恩浩蕩。你還有力氣與時間排隊,你就必須高呼萬歲萬萬歲。

　　無奈地等待／等待無奈
　　我站成一隻郵筒／長成一顆樹
　　忘記了等待／你本身化作無奈

現代詩就這樣誕生了。

報紙上,特別是當時控制發行的《參考消息》上,經常會登載一些西方記者關於蘇聯的報導。日常用品短缺,國營商店外邊有排隊長龍。莫斯科肉類供應不足,官方倡導什麼「星期四吃魚日」。我們轉而報導這些消息,意在挖苦、揭露修正主義。這實在是一百步笑五十;土坷垃小瞧泥人兒。

——至今，我們的各種傳媒仍然偏好報導英國地下撞火車、美國天上掉飛機一類的無聊新聞。這種拙劣的手法實在絲毫無助於解決我們面臨的交通困境。

# 32.高級點心、高級糖與「黑市」

　　廣大中國農村的大饑饉終於滲透到孤島一般的城市。

　　市民口糧定量從每月二十八斤降到二十六斤又降到二十四斤。沒有肉、沒有蛋，更沒有什麼「星期四吃魚日」。

　　不知別處城市，太原市郊區農民漸漸有拉了自留地出產的蔬菜進城來出售的。農民自己產的一點菜，不樂意按國家定價賣給國營菜店。一開始，國家有關部門打擊小商、小販，不許所謂黑市存在。黨內特別定有紀律，不許黨員購買黑市貨品。我母親所在的太原市南城區委，有人買了一把黑市韭菜孝敬將死的老娘，犯了紀律，被開除黨籍。

　　但強大的需求必然造成市場。黑市顯示出了勃勃的生命力。糧票兩塊五一斤，玉米麵兩塊八一斤，白麵三塊錢一斤。豬肉達到五塊錢一斤。在一名二級工月工資三十八元、一名二十四級科員月工資四十二元的年代，黑市價格是太高昂了。一條毛嗶嘰褲子不過換五六斤玉米麵。

　　我父親是個苦力工，才不管什麼黑市、白市，手頭有幾個存款能買到吃的就是好事。買回吃食，我母親也吃，一邊嚇得作惡夢。我當時在學校上灶，每個月有三十來斤定量，卻是餓得要死。若不是靠父親那幾個血汗錢買黑市，我不知會餓到什麼程度。

在我們中學，竟然有住校的高年級學生撈了廁所的茅蛆來煮了吃！

教導處的老師在通到各班的廣播喇叭裏點名批評那位學生，措詞相當嚴厲。我後來見識了那位同學，他一派文靜，白白的、瘦瘦的，有些苦、有些愁。

或者國家不甘心金錢都流入黑市吧，突然地，國營商店裏開始出售高級點心、高級糖。普通一斤點心，收糧票不過幾角錢，稱作高級點心，不收糧票賣三塊多錢。任何傻瓜算一下，都知道一斤糧票國家也賣兩塊五。

飯店裏甚至掛了水牌賣高級菜。一個炒肉片，原先四角錢，如今要賣八塊錢。

飯店裏冷冷清清，但也有人光顧。隨即出現了一個在飯店裏舐盤子的階層。他們衣冠楚楚，文雅禮貌，他們不是要飯的乞丐，他們是國家幹部、教員、工人、店員等等憲法保障的公民。他們只是餓瘋了，餓得沒有了中國人民最看重的臉面與人的自尊。

社會上流行一段民謠順口溜，小學生們念了玩兒。

　　高級點心高級糖，
　　高級老漢上茅房。
　　茅房沒有高級燈，
　　高級老漢掉茅坑！

人們嫉妒高級老漢，嫉妒那些在飯店裏買得起高級菜的人

們。其實，真正的高級幹部享受特殊供應，他們無須排隊，更無須在舔盤子的人群包圍下吃高級菜。民謠惡毒詛咒不平等，在人民想像中的懲罰裏，高級老漢掉到都市裏最骯髒的去處。

其實，那只是廉價的想像。茅廁、茅坑，只是高中生們撈茅蛆來煮了吃的地方。

# 33.三自一包

　　大躍進狂熱搞得中國遍地餓死人，在廬山會議將彭德懷打成反黨集團之後，不知經過怎樣的鬥爭與妥協，劉少奇出任國家主席。這就是毛主席後來所說的「大權旁落」。

　　劉少奇主持一線工作，開始著手給毛主席「擦屁股」。那是多大的一隻屁股，多髒的一隻屁股呀！

　　後來人們知道，中央提出「調整、鞏固、充實、提高」的八字方針，劉少奇與鄧小平、薄一波等人搞了個「三自一包」。

　　一包，不過就是責任承包。具體到廣大農村，公社核算退回到生產隊核算。有個別地方，包產到戶。

　　三自，是指自留地、自由市場、自負盈虧。允許農民種一點自留地，有的地方甚至允許農民自己開一點荒地。黑市不再取締，而給予合法存在的地位，叫做自由市場。對一些手工業合作社實行放權管理，令其自負盈虧。

　　農耕經濟，春種秋收。在我們家鄉，北方山區，麥收之後，地裏撒一把菜籽兒，仍然可以在深秋收穫一批蔬菜。只要給農民一點有限的自由，只要成心讓他們活命，「為人民謀幸福」，而不是處心積慮地運動他們，他們完全能夠自救。在中國，農民得救了，那麼工人與所有吃供應的人民也就得救了。至少，大家不至於通通挨餓。

我們太原三中，與其他所有的學校一樣，61、62年取消了一貫的學校運動會。孩子們面黃肌瘦，哪裏有力氣跑步、跳遠。到63年春季，恢復了學校運動會。

「三自一包」見了成效。

城市又變得熙熙攘攘；人們有了笑容。農村在正月裏又開始鬧紅火，傳統廟會唱大戲；戲場四周，自由市場繁榮火爆。

政策多少有點對頭，中國形勢立即改觀。劉少奇威望大增，幾乎成了人民心目中又一顆大救星。

——文化大革命打倒劉少奇，我所知道的、親眼見過的，為劉少奇鳴不平的人，只有一位。他是我的大伯，一位最普通、最蠢笨無文的老農民。他情不自禁地當眾痛哭失聲：「我的劉主席呀！要不是你叫老百姓種小塊地，我活不到今天呀！」

他不是知識份子，更不懂什麼人文主義，他的話微不足道，他的聲音無足輕重。然而，他的侄子張石山記住了他的老淚縱橫，在許多篇文章裏記載了他的這次哭泣。

——非常不幸，當劉少奇在他的工作崗位上多少做了一點有益人民的事情，救民於水火的時候，毛澤東覺得大權旁落了。他開始準備搞一場新的運動，開始醞釀發動史無前例的文化大革命。

1962年，毛主席提出「千萬不要忘記階級鬥爭」的口號。

新的一輪運動鳴響前奏。剛剛從大饑饉死亡線上活轉來的中國人民，命中註定劫難未了。他們不得不落入一場更大、更兇、更慘無人道、更慘絕人寰的浩劫之中。

那是一場曠古未有、史無前例的反人類大瘋狂。

# 34.大紅旗班主任

大躍進年代的「插紅旗，拔白旗」運動，我不知道究竟有多大規模。在我讀中學的太原三中，有三名紅旗班主任。他們就是插紅旗插來中學的。對於中學教工隊伍這樣知識份子成堆的地方，用插紅旗的辦法派來一些工農幹部，是為「摻沙子」。

我讀初中二年級的時候，我們班攤上了一位紅旗班主任。

班主任老師姓賈。因為文化低，根本不能帶任何課程，只好在學校當專職班主任。

專職班主任，又是紅旗班主任，所以我們班上就搞過許多與老師教學、與學生讀書無關的把戲。

把戲之一，是值週生制度。

一個班集體，打掃衛生、保持紀律等等，都是需要有學生來值日、值週的。但賈老師的值週生制度大有創新，他要負責值週的班組幹部搞祕密記錄：哪個同學遲到早退、上課有小動作等等，偷偷記錄下來，然後向他彙報。這些祕密記錄，差不多相當於成人社會整人的「黑材料」；而祕密彙報制度，戳穿了講，就是要學生們當特務告密者。

如此紅旗班主任的把戲，在我們的學校教育中絕不是個別現象。許多年來，這種行徑並未受到任何清算，反而被當作學校管理教育的習慣性做法。

賈老師的創新把戲之二，是經常召開班上的積極份子會議。

學生年滿十五歲，可以申請入團。在理論上講，願意入團並且努力表現自己、主動靠攏組織者，就是積極份子。但在我們班，在紅旗班主任的統治之下，誰是積極份子，完全由賈老師一人來確定。確定了積極份子，賈老師當然要經常召開積極份子會議。具體的會議召集辦法，有兩種。一種，是自習時間，叫班幹部與團幹部通知積極份子，他們突然到賈老師的辦公室去開會。教室裏於是便剩下不多的一部分非積極份子，大家臉色哭喪，心情極度晦暗。再一種，是賈老師親自到教室裏來，點名將非積極份子趕出教室，留下積極份子們來開會。凡是被點名的學生，當眾走出教室去，臉色則比哭喪還要哭喪。

非常不幸，無論非積極份子們被留在教室裏還是轟出教室去，其中都有我。我在班上學習成績最好，遵守紀律、熱愛勞動，而且積極要求進步，寫過多份入團申請書，我卻一直不是賈老師的積極份子。這或者完全是我的錯：讀書上學，我以為應該學好文化課，爭取成績優秀；讀書明理，做一個正派人，而不需要爭當什麼愛搞小彙報的密探。我堅守了什麼，必然會失去什麼。

# 35.關於農民起義

　　從小學到初中，乃至後來到高中，我們的課程中都有「歷史」一門課。

　　歷史課中講述中國歷史，重複過幾次，只是中學的課文比小學的稍微詳細一點。讓孩子們瞭解歷史，這也未嘗不可。即便是舊社會給孩子們開蒙的《三字經》裏，也有很大一部分的章節是扼要介紹中國歷史順序譜系的。

　　不知推翻滿清帝制之後，民國小學的歷史課本是什麼樣子。我們從小所學的歷史課，有很多章節特別介紹中國歷史上的農民起義。

　　作為歷史悠久的東方農耕大國，中國歷史上的農民起義、農民戰爭，其次數之多、規模之大、破壞性之強烈，在世界史上都是絕無僅有的。

　　由於歷代封建王朝始終無法徹底解決土地兼併的問題，每隔一個相當的歷史時段，中國大地上就會出現無地農民太多的情況。人民流離失所，無法生存，是為流民。或起義，或暴動，殺人放火，天下於是大亂。這反映的其實是一種重新分配土地的合理要求，起義的最終結果往往也促成了土地的再分配。封建社會秩序漸漸從天下大亂的無序狀態，恢復到人民相對安居樂業的有序狀態。歷史進入下一個輪迴。

　　中國封建正統史學，歷來將農民起義敘述為「流寇」、

「盜賊」等等污辱性的名堂。其實，成者王侯敗者賊罷了。黃巢李自成不過沒有坐定天下，劉邦、朱元璋作為農民起義領袖奪得天下、打下江山，豈不一樣打倒皇帝做皇帝。

而我們所學的歷史課以及政治課，又走到另一個極端。

凡屬農民起義、農民戰爭，一律拔高到「農民革命」的高度。說農民起義推動了歷史的前進云云。對農民起義全盤肯定，不容許有任何一點哪怕是絕對客觀的、符合歷史事實的分析評價。講到我們的民族英雄如岳飛，也必然要附加一筆：岳飛曾經替朝廷鎮壓過農民起義，是其污點。苛求古人，達於無理的地步。

我在當時，十四五歲的樣子，已經天才地察覺了其中奧妙。而這一奧妙直至近年才有論者言及：中國共產黨將自己領導的奪天下、打江山的革命，與歷史上的農民起義等同起來。至少，是黨的思想家與歷史學家這樣地揣測上意，因而對歷史上的農民起義有了全新評價的。

在我們讀小學、讀中學的時代，我們所學的「歷史」，成為一個可以任意打扮的小姑娘。

古為今用，變成淺薄的實用主義。

有一部很走紅的歷史小說《李自成》，李自成好像文革中的革命樣板戲裏的一號英雄人物，高、大、全。

直至近年，電視連續劇《水滸》幾番拍攝播映，梁山好漢則被描述成一些古代的布爾什維克。

# 36.「五十年建成共產主義」

到初中三年級，我們的政治課開始學習馬克思主義的基礎課程：社會發展簡史。

這門課的開始部分，幾乎是對歷史課的簡單重複。說人類社會的歷史，已經走過了原始社會、奴隸社會、封建社會、資本主義社會幾個階段。

至於歷史的發展前景，馬克思主義的學說做出科學預見說：隨著生產力的發展，必然地會要求與之相適應的上層建築生產關係。資本主義必將發展到社會主義，社會主義必將發展到共產主義。

作為一種學說、作為一種預見，未嘗不可。而任何學說、任何預見都應該接受歷史發展的實踐檢驗。

第二國際開除了伯恩斯坦和考茨基，認為他們提出的共產黨人或者社會民主黨人希望通過議會道路來爭取民眾、和平奪取政權，是對馬克思主義的背叛。看來，唯我獨尊、只此一家、別無分店的思維方式與做法，並不是只有中國人才有的東方特產。

議會道路結果在北歐一些國家取得了成功。「白貓黑貓，逮著耗子就是好貓」，有了歐洲的歷史版。

俄國的十月革命，奏響了社會主義可以在一國取得勝利的

進行曲。惜乎好景不常，依中國共產黨的說法，蘇聯出了修正主義，變質了。

在蘇聯已經變質、變修的情況下，給我們講授社會發展簡史的一位姓嚴的政治老師，竟然相當肯定地告訴學生們說：根據蘇聯的經驗，建成社會主義大約需要二十五年，建成共產主義則需要五十年。

不知這位老師是自己的「科學預見」，還是教學大綱上有這樣斷然的說法，而在當時，我們全班同學不約而同地發出了一聲痛惋的嘆息：「嚇──」

五十年才能建成共產主義，大家是趕不上那「各取所需」的好日子啦！

我當時在心裏計算一回，我們國家建成共產主義將是在西元2000年。說來果然遙遠。因為有1958年已經實現過一次共產主義的經驗，我只是暗暗希望，將來的共產主義不要大批餓死人才好。

# 37.剩餘價值

　　馬克思寫過一部偉大的《資本論》。據說在西方仍然作為一門學術，有人學習研究。又據說，資本論的核心是關於剩餘價值的理論。馬克思發現了剩餘價值，一舉找到了解剖資本的關鍵。

　　我始終沒有通讀過《資本論》，應該沒有資格發言。

　　不過作為當年的中學生，我學過政治課。就政治課所教授給我的一些關於馬克思主義的知識，教師是當作經典來傳授的，對此經典，我又可以提出質疑。

　　關於剩餘價值，政治老師在黑板上又列算式又畫表，整整塗抹了一黑板，終於得出了結論。比方說，一個工人一天的勞動創造了十塊錢的價值，資本家只給工人發了兩塊錢工資，那八塊錢就是剩餘價值。這些剩餘價值，於是都被資本家殘酷地剝削去了。

　　如果沒有機器、廠房與資金，工人有沒有機會就業，又是否一定能在一天創造十塊錢的價值？老師沒有講。機器、廠房以及資金投入，包括生產、銷售、產品設計、產業規劃等等，是否參與了價值的創造？老師又沒有講。依照我們政治老師的說法，資本家將工人創造的十塊錢價值全部以工資形式發給工人，才不算剝削。

　　如此認定剝削的理論，曾經運用於土改運動中對地主的清算、對雇工的覺悟啟發。其實，在特定的條件下，無地農民給

地主當長工，只是一種雙方認可的雇傭合同關係。長工的工錢支付，是一種市場行情。

即便在我們生活於其中的社會主義中國、工人階級領導一切的中國，工人創造的價值果然就全部以工資形式發放給工人了嗎？事實絕對不是這樣。假如是這樣，企業如何擴大再生產？

如果不是馬克思的原著，至少是我們的政治課在片面地分析、理解剩餘價值。剩餘價值只是工人創造的，此其一；剩餘價值都被資本家剝削去了，此其二。

——1970年，我從部隊復員後到一家工廠上班。我廠的技術工人，二級工，假如外借一天，對方要支付我廠十八元錢；而一個二級工的標準工資是每月三十八元，日平均工資不過一塊多錢。工人創造的剩餘價值又到哪裏去了？

或曰：在資本主義條件下，資本家將剩餘價值通通裝入自己的腰包，而在社會主義條件下，剩餘價值歸國家所有。人民是國家的主人，剩餘價值歸人民。

理論上也許是這樣的吧。

主人們卻始終很窮，貧困程度遠遠超過資本主義條件下的工人。我們的公僕們則要比資本家生活得更豪華。

新近有一種把戲玩得好：一些企業瀕臨倒閉，正準備以所謂股份制的形式賣給工人們。工人不是企業的主人嗎？即便搞股份制，不是應該大家已經擁有股份的嗎？主人自己買自己的東西，不滑稽嗎？工人創造的剩餘價值被揮霍、糟蹋乾淨，現在又要工人從工資部分拿出錢來購買屬於自己的剩餘價值，一樹要剝兩層皮，太殘酷！

# 38. 經濟危機

　　關於資本主義，我們這個東方農業國實在是沒有多少發言權。資本主義經濟在其發展的過程中，會找到自身調節的方法和途徑。比如，西方社會高度發達的社會福利體系，保障了大眾的基本生存。勞資對話，「階級調和」，化解了暴力衝突。嚴密的稅收制度，又某種程度防止了財產的過分私有聚斂。

　　鄧小平倡導「一國兩制」，香港、澳門回歸。資本主義的香港，應該是我們理解資本主義的一個視窗、一個例證。李嘉誠、霍英東，與中共高級領導人握手言歡，我們並沒有當他們是吸血蟲。

　　但在我讀中學的時代，我們卻慣於對資本主義說三道四。

　　我們拒絕了那只葡萄，非要將那只葡萄搞酸、搞臭不可。

　　政治老師接著給大家上課，開講經濟危機。

　　資本家盡量剝削剩餘價值、拼命擴大再生產，產品更多了；而資本家又要盡量減少工人的工資，大眾購買力更低了。於是，生產「過剩」。這時便要爆發經濟危機。

　　理論上來說，當資本主義發展到反動、腐朽、沒落的帝國主義階段，其經濟危機的間隔越來越小、危機的嚴重程度越來越大，資本主義本身無法解決這一尖銳、激烈的矛盾，這時，資本主義就要徹底崩潰了。

　　當老師講到這兒的時分，全班同學都長長地吁了一口氣，

甚至發出了歡呼。萬惡的資本主義、反動的帝國主義，原來將會不打自倒，自行崩潰！

我當時也感到無比歡欣鼓舞。儘管共產主義需要五十年才能來到，看樣子資本主義卻很快就要崩潰。

生活是太樂觀了、太理想了，帥呆了、酷斃了。

毛主席說，帝國主義是「日薄西山，氣息奄奄，人命危淺，朝不慮夕」。

「我們一天天好起來，敵人一天天爛下去。」

東風壓倒西風。

# 39.三和一少

　　中國人民付出幾千萬生命的代價，熬過了大饑饉，度過了所謂的三年自然災害期。

　　人民需要繼續修養生息，國家需要努力恢復元氣。執政的共產黨應該在大失誤中記取教訓，在社會主義建設中學會建設。然而，到1962年，退居二線、感覺大權旁落的毛主席提出了「千萬不要忘記階級鬥爭」的口號。

　　在國內，開始著手準備批判「三自一包」。

　　在國際上，則開始堅決反修，給蘇聯修正主義歸納了罪狀「三和一少」。

　　在毛主席的領導下，中國成為一隻好鬥的雄雞，不顧自身的積窮積弱、百廢待舉，要四面出擊。

　　所謂「三和一少」，客觀分析、中肯評價，實在也算不得什麼了不起的罪狀。

　　三和，是指和平共處、和平過渡、和平競賽。

　　和平共處。不是我們在國際上首倡國家與國家交往應該遵從和平共處等五項原則的嗎？莫非我們一定要「戰爭共處」、「鬥爭共處」？

　　和平過渡。議會道路、和平過渡如果不是實現奪取政權、走向社會主義的唯一道路，至少也是實踐證明可行的一種道

路。不流血、不殺人，可以獲得議會多數，掌權執政，為什麼一定要「暴力過渡」？

和平競賽。這真是一個具有前瞻性的構想。「是騾子是馬，拉出來溜溜」。社會主義好，資本主義壞，因比較而存在、而成立。大家競賽一把，勝如打嘴仗，強詞奪理。莫非我們希望有軍備競賽？

一少，是指國際支援要少。

國際支援從來都是必要的。支援難民，支援某些國家遭受了重大自然災害，支援一些受到不公正待遇的弱小國家，伸張正義，實施人道精神。但我們理解的國際支援、我們批評蘇聯意義上的國際支援，是支援革命、是「革命輸出」。

多少年裏，我們一直有一種「世界革命」的宏偉藍圖。世界上有三分之二的人民未解放，亞非拉是世界的農村，要拿毛主席奪取中國革命勝利的經驗指導世界革命，「以農村包圍城市，最後奪取城市」。

──歷史卻有著驚人的相似之處。中國改革開放以來，國際政策整體是個什麼格局？幾乎就是一個「三和一少」。

而在我讀中學的年代，我們國家很窮，勒緊褲帶、努足勁兒地要支援亞非拉、支援世界革命，要解放世界上三分之二未獲解放的人民。物資支援、金錢支援、武器支援，包括犧牲鮮血生命的人員支援，中國人是太累、太辛苦了。而所有的支援都是人民的血汗，決策者從來不曾通過人民的批准。

# 40. 反修、防修，
## 「衛星上天，紅旗落地」

　　由於中蘇關係交惡，我們便奉送給蘇聯一頂修正主義的帽子。

　　修正主義究竟是什麼樣子，中國人民不明白，中學生們就更不明白。

　　赫魯雪夫幹掉了貝利亞，貝利亞惡貫滿盈，那是罪有應得。赫魯雪夫還做了一個祕密報告反對史達林。史達林搞肅反什麼的，殺人如同割草，冤假錯案無數，積怨甚深，做一些批評糾正平反昭雪，不可以嗎？中國在文革結束，三中全會之後，鄧小平、胡耀邦平反了大量的冤假錯案，解民倒懸、救民水火，就算什麼修正主義嗎？

　　赫魯雪夫提出和平競賽，實在是當前世界「對話、和解」主旋律的先聲。好比鄧小平先生提出的「一國兩制」，是一種符合實際、有解決具體問題巨大功效的天才創見。不要和平競賽，要赫魯雪夫怎麼樣？要他發動世界大戰去攻打美國嗎？

　　國家關係降低到農民、市民鄰居鬧架的水平。蘇聯支援中國建設，就是老大哥，咱們哥兒倆好。老百姓不能說蘇聯半個壞字。關係鬧翻了，蘇聯就是修正主義，一夜之間變得壞透了。老百姓又必須立即仇恨蘇聯，不得講蘇聯半個好字。

官方對蘇聯的整體評價是：「衛星上天，紅旗落地。」

衛星上天，是事實；紅旗是否落了地，值得討論。再者，衛星上天與紅旗落地不一定有必然的內在聯繫。

但我讀中學的時候，政治老師與班主任給大家搞思想教育，是認定蘇聯已經紅旗落地，而且認定蘇聯一心搞經濟建設，衛星可能上天，紅旗則必然要落地。

往下發揮，說蘇聯人民生活在修正主義統治之下，已經是在吃二遍苦、受兩重罪。曾經作為榜樣來宣傳的社會主義蘇聯人民的好生活，已經一下子變成了水深火熱。

我們原本只是反對帝國主義、反對殖民主義，如今反帝、反殖之外，還得反修。世界上未解放的人民本來有三分之二，已經解放了的三分之一裏又有蘇聯人民陷入修正主義統治之下，水深火熱，我們解放全人類的任務是更其繁重了。我們可該有多累、多辛苦、多負責、多麻煩？

問題的嚴重性更在於：帝國主義並不立即崩潰，反倒是社會主義在眨眼間修正。而且，修正起來相當容易，只要出現一個赫魯雪夫什麼的東西，國家就改變顏色，就修正主義起來。

因而，反修更要防修。

反修、防修，成為中國意識形態領域的一項重大戰略決策。

# 41. 愈窮愈革命

自古以來，中國讀書識字的人不多。少數有條件讀書識字的孩子，要讀聖賢經典、學聖賢榜樣，修身齊家治國平天下，責任十分重大。

新中國，掃除文盲，普及小學教育，可以讀書識字的孩子多了起來。但孩子們從小亦被告知，大家是共產主義接班人，稚嫩的肩膀上責任更加十分重大。

共產主義接班人，名堂新穎，孩子們覺得很自豪。但自豪之餘，問題隨之而來。

首先，這種接班人，不是輕易可以成為的。大家從小就要學習共產主義理論，確立共產主義世界觀，要接受「改造」。

其次，大家被告知，好比帝國主義間諜總是要來盜竊我們的什麼圖紙，帝修反也總是要千方百計地來與共產黨爭奪下一代。所以，大家很容易受腐蝕，很容易變質、於是，大家就更要接受不斷的改造。

在蘇聯出了赫魯雪夫修正主義之後，形勢變得猶為嚴峻。在列寧主義的故鄉，列寧與史達林的接班人竟然變質了。衛星上了天，紅旗卻落了地。於是，在理論上甚至推導出「窮則變，變則富，富則修」的驚人論斷。

愈窮愈革命，根子在這裏。

實現共產主義的基本條件是「三要五消失」，社會產品要

極大豐富，人民生活要富裕起來；但富裕卻極其危險，人民會很快變修。自此，黨與國家的決策者，自己陷入了一個悖論：國家富起來，人民生活好起來，我們就會變修；那麼，大家還是窮下去更好，國家還是繼續一窮二白才對。貧窮落後是那樣好，共產黨奪取政權幹什麼？讓老百姓依然生活在水深火熱之中，不是最革命、最不會變修嗎？

這樣的道理是「癩蛤蟆跳井——不通又不通」。但中學生們要學習、要領會、要接受、要擁護這樣的道理。

具體到孩子們的讀書求學，更舉出個別例證來嚇唬大家。有些人讀書升學後，喜歡乾淨、文明、有教養，叫做「一年土，二年洋，三年不認爹和娘」。讀書竟然是這樣一種危險的可怕的事情。

於是，在「愈窮愈革命」的荒謬論調之後，又推導出「卑賤者最聰明，高貴者最愚蠢」的荒唐邏輯。

後一句話是毛主席語錄。

那麼，我們是該說毛主席愚蠢呢，抑或是該說毛主席卑賤？

共產主義接班人，大家不需要讀書學知識，以免三年不認爹和娘。大家將來也不需要建設什麼祖國，因為國家富了，反而就要變修了。

大家幹什麼呢？這倒不必發愁。自有人來替大家思考，為大家設計。

# 42.學習雷鋒好榜樣

63年夏季,我初中畢業。依然考入了我們太原三中高中部。

當年,毛主席在3月5日發表了他的著名題詞:「向雷鋒同志學習!」立即在全黨、全軍和全國人民中,掀起了一個學習雷鋒好榜樣的偉大運動。從此,中國樹起了一個現代版的聖人楷模,要大家效法。青少年要成為共產主義接班人,有了具體的榜樣。

在我們三中,這一偉大運動是在63年下半年,亦即我升入高中之後開始的。

一開初,大家對「學習雷鋒」的理解比較粗淺。以為只是多做好人好事,就算學雷鋒。小學、中學,甚至規定孩子們在一天裏要做多少件好事。於是,幫老大爺推車啦,扶老大娘過馬路啦,搶著掃地啦,撿到一分錢交公啦,成為大家完成做好事任務的主要內容。

而且,大家學習雷鋒好榜樣,每做一點好人好事,樁樁件件都要寫在日記上。

自古以來,中國聖賢、中國文化、中國傳統文明都教育人們要行好積善。而且,有句話講得好:「但行好事,莫問前程。」做好事,而不計報酬、不圖虛名,是一種境界。

雷鋒做好事不留姓名,卻把好事鉅細靡遺地寫到日記上。

學校要孩子們做好事，而且要統計數字、要規定指標。學雷鋒成為一項大規模的表演活動。

孩子們為了完成指標，有的學會了撒謊：編造自己做了什麼好人好事，有的則學會了沽名釣譽：偷了家裏的錢來交公，說是拾金不昧。

大家原本可能正常成長的精神心理，至此被毒化。

到處出現這樣的案例：有人自己放火再去救火；有人砍傷自己，偽裝與敵人進行了搏鬥。

我在高中時代，是我們班的班主席，團支部書記，是太原三中的全校學毛著積極份子。我在公園湖邊閒逛，心裏確實萌生過這樣的念頭：怎麼就沒有孩子落水呢？我幾乎是希望到處出事故，失火、有人落水、階級敵人殺人放火什麼的，這些事故最好都讓我遇上，以便我有機會成為英雄。

但學習雷鋒運動的本質意義不在這裏。

雷鋒的主要榜樣意義，是他努力學習毛主席的著作。是他在日記中提出：「毛主席的著作是人們的『糧食、武器、方向盤』」。

雷鋒如果是英雄榜樣，是當代聖人楷模，那麼，他並不是全面接受人類文明與中國傳統文明成長起來的楷模。他只是學習毛主席一個人的著作，只接受毛澤東一個人的思想，才成為楷模的。

打倒了帝修反、批倒了封資修，整個宇宙只剩下毛主席一個偉人，全人類文明只剩下毛主席一個人的雄文四卷。

大家只消學習這個，就能成為聖人。雷鋒便是好榜樣。

雷鋒只學習毛主席一個人的思想著作，毛主席自己出面大力號召全黨、全軍、全國人民「向雷鋒同志學習」。

　　學習雷鋒好榜樣，是這樣背景、如此格局的一場宏大運動，一場巨型雙簧。

# 43. 全國大學解放軍

全國人民學雷鋒運動開展起來之後，上面接著號召全國大學解放軍。

解放軍裏出了個雷鋒。雷鋒是在全軍大學毛主席著作的運動中湧現出的楷模典型。軍隊中開展大學毛著運動，是林彪接替彭德懷主持中央軍委工作之後的新舉措。

即便在封建帝王時代，聰明賢達的帝王也懂得維護形而上的倫理綱常，而不僅僅以個人好惡來判斷是非。臣子的無聊吹捧與當面阿諛，要受到士林同僚的鄙視，甚至受到皇上的嚴厲指責。

「俱往矣！數風流人物，還看今朝。」

毛澤東最喜歡對他的吹捧與阿諛。彭德懷那樣的有些骨鯁的人物倒楣之日，正是林彪一類逢迎之徒大顯身手之時。

毛澤東要全國大學解放軍，是對林彪的肯定表彰，龍顏大悅。

當然，全國大學解放軍，更是毛澤東久有的一個設想：對國家實行一種軍事共產主義的全面統治。整齊劃一，令行禁止。

果然，不久之後，全國的工業生產車間與農業生產隊都改成了軍隊式的「連隊」管理。

最早推行這種軍營式管理的試點，是在相對更容易實施軍營化的學校。

在我讀中學期間，班長已經不叫班長，而改稱排長。

中學裏開始制度化地請來軍隊幹部戰士，對學生實行軍訓。

大學雷鋒、大學毛著，蔚然成風。

絕不是笑話：生產隊的農民一學習毛主席的文章〈愚公移山〉，大家就知道隊裏的糞堆又大了。

雷鋒式的套話開始風行：「人們做任何一點好事，或者不做任何一點錯事，都是因為『耳邊響起了毛主席的教導』。」

大家向雷鋒同志學習，所以都像雷鋒一樣，自覺地取消了任何個人思維。大家一齊進行自我思想閹割，自動接受思想注射。

學習雷鋒，人們或者變成虔誠的教眾、聖徒，或者就是機謀深險的偽君子。

即以中央高級官員來評說，除了愚忠的彭德懷等人，就是奸險的林彪之徒。

毛主席偶像崇拜，登峰造極。

# 44.工業學大慶

　　國家如何搞工業化，或曰工業究竟應該如何搞？在我們拒絕了資本主義之後，只剩下向蘇聯老大哥學習一條路。

　　中蘇交惡之際，蘇聯模式受到冷落。這時，有個大慶應運而生。

　　毛主席號召：工業學大慶。

　　正如指揮農民搞深翻密植一樣，毛澤東特別喜歡找到一種萬應靈藥，一個祕方，一種模式，既便於一聲令下，又可以放之四海而皆準。替所有人思考的天才領袖方便省事，人民立即得救。觀音菩薩甘露一撒，芸芸眾生脫離苦海，望空朝拜。這叫「一念觀音佛，火坑變蓮池」。是他本人首先忘記了他的思想精髓：實事求是，將馬列主義與中國革命實踐相結合。

　　黨對各行各業不肯實行無為而治，而是一概實行嚴密的計劃經濟。在這裏，「相信群眾」成為一句空話。

　　大慶或者有大慶成功的經驗，但那經驗也許只適合大慶。要全國工業，不分任何門類，都要學大慶，而且成為一個運動。

　　具體而言，大慶出了一個王鐵人，創建了著名的「鐵人精神」。

　　「鐵人精神」好不好？自力更生，艱苦奮鬥，包括無私奉獻，捨生忘死，當然好。

但是搞現代工業，要不要高科技？光有奉獻精神夠不夠？搞原子彈、搞三星上天，只要人拉肩扛行不行？

況且，站在勞動者的立場上，只要工人奉獻，「活著幹，死了算」，合理不合理？

從1965年文革前夕調整一次工資之後，有將近十年的時間不給工人增加工資。搞社會主義經濟建設種種試驗的巨大成本，全部轉嫁到勞動者的肩上。

這種剝奪與壓迫，在堂皇的革命詞藻之下，發展到極其殘酷的地步。

改革開放之後，人民生活包括工人生活多少有了一點提高，就要大家立即向闕謝恩。

# 45. 農業學大寨

　　與工業學大慶相對應，又一個口號叫「農業學大寨」。上下句兒，湊一副對聯。

　　客觀評價，在特定的條件下，大寨農民與險惡的自然環境做鬥爭，修攔洪壩、造水平梯田，增加了糧食產量。

　　組織廣大農民，依靠集體力量，無疑是農業合作化的優越性體現。

　　不過，即便在舊社會，鄉村社會也有依靠團頭社首糾集民眾創辦公益事業的能力。

　　其次，在太行山與呂梁山這些自然條件極其不利於種糧食的地方，開山種田究竟合算不合算？從石頭縫隙裏打一點糧食，又破壞了山林植被，從環境保護的角度來認識，中國傳統社會「四海無閒田」的狀況值得反省。

　　當然，我們不應該以今天的認識去苛求大寨農民。

　　但在當初，要全國農業學大寨，以至於在草原林區都要砍伐草木、修建大寨田，勞民傷財、破壞自然生態環境的教訓是深刻的。

　　在大躍進中喊出「人有多大膽，地有多大產」的荒唐口號之後，農業學大寨運動又呼喊出「戰天鬥地」的狂妄口號。到處效仿大寨有一個「鐵姑娘戰鬥隊」的榜樣，成立名目繁多的

「老愚公戰鬥隊」、「鐵肩膀戰鬥隊」，強迫農民們一律要冬閒變冬忙，雞叫出工、三更下地，一天「三出工，兩送飯」。

在我們家鄉，冬天雖然沒有東北那樣寒冷，但也差不多是地凍三尺。強迫命令之下，大家早上四點出工、晚間十點收工，中間不許回家吃飯。年齡老邁的，不抗凍，又沒有厚實的禦寒衣褲，只好披了被子下地。天寒地凍、黑燈瞎火，哪裏能夠「戰天鬥地」？人們應付日本鬼子似的在地裏磨洋工，那鐵鍾與鑿子敲擊發聲，表示是在刨地。折騰那麼一整天多半夜，一個勞動力鑿不了雞窩大小的一片地。

我們村有幾年的勞動日分紅降到兩角來錢。

有的村子分紅不到一角。生產隊沒有一分錢存款。

我的幾位大伯到太原來，臨走前我爹要給幾塊錢路費，他們一律不坐火車、不乘汽車，而是要步行三天走回老家。六塊錢路費，步行三天，他們算帳是一天掙到兩塊錢。要是花掉六塊錢，可以用一天時間趕回去，省出兩天時間下地掙工分，一天不過分紅兩角。

農民已經窮到「賊來不怕客來怕」的地步，「戰天鬥地」學大寨，又讓大家延長勞動時間、增加勞動強度。水深火熱，莫此為甚。

——當珍寶島衝突爆發，我們更稱呼蘇修為「社會帝國主義」時，我的幾位堂兄實在苦極了，公然叫嚷：「蘇聯老大哥，快來解放咱們吧！」

# 46.「五七道路」

　　由於是在1957年，幾十萬知識份子被打成右派的，後來，這些右派就戲稱自己是「五七戰士」。至少，在中國文壇，曾經被打成過右派的作家們是認可這一稱謂的。

　　但在此之前，中國已有官版的「五七戰士」名堂。

　　大約是1965年，毛主席在5月7日有一個著名的「五七指示」。根據這一偉大指示，被下放到工廠以及農村去鍛煉的幹部，才是正牌的「五七戰士」。

　　當提出了工業學大慶和農業學大寨之後，當開展了全國人民大學雷鋒、全國大學解放軍之後，毛主席關於將整個中國軍營化、學校化治理的構想基本完成。

　　「五七指示」就是這一構想的實施藍圖。

　　按照毛主席的設計，當整個中國實現軍營化之後，那就不僅「解放軍是一所大學校」了，而是整個中國變成了一所大學校。

　　在這前後，因而還有「五個統一」的名堂出籠。

　　統一再統一，集中再集中。極權政治登峰造極。全黨、全軍、全國，只要毛主席一個天才腦袋瓜來思考，黨與政府的各級機構所有幹部負責具體監督執行的任務，全國所有人民於是被最嚴密、最嚴格地管制起來。

　　——在「五七指示」中，有一條關於幹部的具體指示。黨

政機關幹部，要定期地輪換式的分期、分批地下放，到工廠去、到農村去，既強化他們所去之處的管理管制，又鍛煉考驗了各級幹部。

於是，有依照「五七指示」去下放的幹部，因而，有了「五七戰士」的名堂。

事實上，「幹部下放」這一政策，變成各級官員排斥異己、打擊對立面的尚方寶劍。它基本上成為一項對政治角逐中的失敗者的懲罰制度。

事實上，幹部下放的去向主要還是農村。

在1962年，國家曾經壓縮城鎮人口，幹部與工人在某一級別以下者，家屬被強迫離開城市，壓縮回農村鄉間，是為著名的「六二壓」。

而無論是「六二壓」，還是「五七道路」，包括歷屆運動打成的各種份子、刑滿釋放人員，受懲罰者一律被趕到農村去。

毛主席說，農村是一個廣闊的天地。

農村，成為當局各種政治試驗、經濟試驗、體制試驗、處理廢品的巨大垃圾場。

疲憊破敗的農村，養育中華文明的大地母親，成為最後吸納她的不幸兒女們的收容所。

# 47.社教運動與「投機倒把」

　　除了正面倡導大家學雷鋒、學解放軍之外，作為統治手段的拿手節目，必然還有層出不窮的運動。

　　社會主義教育運動，簡稱社教運動。而簡稱是國人的一大發明。比如，「打辦」是個什麼東西？原來是「打黃掃惡辦公室」的簡稱。何謂打黃？何謂掃惡？還是簡稱。

　　社教運動開始於毛主席提出「千萬不要忘記階級鬥爭」的口號之後。

　　太原市搞過有關的展覽，我們中學生曾經被組織了集體參觀過。

　　參觀的具體內容，是一個名叫高石頭的郊區農民搞「投機倒把」的罪行展覽。展室裏有一些當時算是豪華的家用物品，收音機、毛毯、毛料衣服、布匹綢緞之類。

　　高石頭怎麼發了財？投機倒把。何謂「投機倒把」？具體到高石頭來講，他低價從農民手裏買了蔬菜，高價出售給城裏人，他賺了其中的差價。

　　這筆差價應該是國家賺的，趁國家瞌睡打盹兒，自己去賺差價，是為投機。一頭買，一頭賣；左手進，右手出，是為倒把。

　　農民賣了菜，賣價可能比賣給國營菜店還要高一些；市民吃到菜，買價或者比國營菜店還要低一些。高石頭付出了勞

動，照章向國家納稅、活躍於市場的同時，個人也富起來，不好嗎？不好。不成。不行。這就叫「投機倒把」，這就是階級鬥爭的新動向，這就是剝削，這就是資本主義。社教運動，把你打成「投機倒把份子」，沒收財產，判刑坐牢。

與之同時，農村有一些農民相對富裕一點，託「三自一包」的福，日子稍微好過一點，黨在農村搞了一個給一些農民重新劃定成分的「新富農」運動。簡而言之，只要你日子稍微好一點，吃飽一點、穿暖一點，上面就不舒服，就要運動你、打擊你、收拾你、管制你。

堂皇口號曰：「共同富裕」。

姑且就算中國是什麼社會主義吧，既然是在社會主義，實行按勞分配，怎麼可能所有人「共同富裕」？一部分人先富起來，就要「殺富濟貧」。這種社會，就是社會主義嗎？

直到改革開放之後，仍然有過「不要把豬養肥了再殺」的說法。「共同富裕」的觀念根深蒂固，「殺富濟貧」的念頭揮之不去。

或者說，我們不要社會主義，我們要搞軍事共產主義，而在事實上，我們也早已不是官兵一致、同甘共苦。

有制度保障的等級劃分待遇，有高級幹部保健、保衛等等許多條例。

什麼級別的幹部，坐什麼等級的小轎車。

八抬大轎、鹵簿執事、保鏢衙役，還是需要的。

共產黨的各級幹部，並不是由黨員們繳納的黨費來支付工資，也不是由黨經營的產業來供給。

　　黨打下江山，黨有權坐江山。

　　黨的不止一位高級幹部愛說：「我們的江山是無數鮮血生命換取的，是幾千萬人頭換來的。」

# 48. 四清運動

　　與社教運動相接續，共產黨在全國開展了大規模的四清運動。

　　四清運動，主要運動目標是所謂的「四不清」幹部。

　　其實，黨有黨紀，國有國法。普通黨員或者黨的幹部，一般公民或者政府官員，違反黨紀應由紀律處分，違犯國法應有相應的法律條文來懲罰。

　　運動是怎麼回事？運動就是極權社會、人治國家的特產。運動是執政者推行個人權威意志的法寶，運動成為依據最高統治者的好惡來確定對立面清除政敵的棍棒刀斧。

　　在63年醞釀、64年開始的四清運動，已經提出「走資本主義道路當權派」的概念。

　　大權旁落的毛澤東已經開始著手準備清除「睡在我們身邊的赫魯雪夫」。

　　中國開過了三屆人大，在第一線工作率領國家終於越過可怕的所謂「三年自然災害」期的劉少奇，再次當選國家主席。在建國初期，劉少奇提出：中國需要發展資本主義。單從這一點來評判，劉少奇相對地更懂一點經濟，更適合搞一點建設。度過了三年災荒，這位主席或者雄心勃勃地要一展胸中的才學和抱負了。

　　他也許並沒有意識到：他正是毛主席所認定的「中國赫魯雪夫」。

　　四清運動波及到了太原三中，特別是波及到了我們班——
高中59班。

　　高中二年級，我們班換了一名班主任。是一名女老師，姓
高，政治教員。在高老師的天才地、創造性地主持領導下，我
們班首先搞起了一個「小四清」運動。運動的重點，是清理所
有學生的家庭出身。

　　至今，我沒有能力調查清楚：高老師在班上搞「小四清」
運動的權力，是誰給予的。她頤指氣使、指揮若定，率領班幹
部與團支部委員們，將我們班上的每個同學都搞了一個「自報
家門」，人人過關。

　　她是我離開農村後見到的又一個「二毛主席」。

　　一個同學，姓葉，父親是我省的醫學院教授。在自報家門
時，那同學遲遲不得過關。因為我們的成分確定是上查三代，
直到他按照祖父、太祖父的身分承認自己出身「官僚地主」，
才算甘休。

　　一個同學，姓吳，爺爺是平民。高老師這時偏又不許他按
照爺爺的身分報告出身。因為該同學的父親曾經在舊社會做過
書店店員，已經有了很小一點股份。有一點股份，其實是連小
業主都不夠資格的。但高老師不答應，直到那同學違心地承認
自己出身「資本家」，高老師才滿意了。

　　在班團幹部積極份子會議上，她自得地嘻了臉面說：「我
們班，這次運動，還是有些成績，搞出了一些問題的呀！」

　　很柔弱文靜的女同學，不幸父親在解放前被裹挾加入過

什麼特務組織，這時就得在班上當眾過關，高聲宣佈自己出身「特務」。

那手段是太殘忍了，那場面是太殘酷了。

女同學當場哭了，被高老師認為是「對特務家庭懷有感情，不能堅決劃清界限」。曾經喜歡唱歌的女同學，從此鬱鬱寡歡，臉色哭喪，極度壓抑之下有時會突然大聲喊叫。人已經給逼到了精神分裂的邊緣，高老師甚至還要說「這是與我們班的運動進行對抗」。

——到文化大革命開始，高老師的個人情況暴露無遺。她的出身並不那麼好，而且個人還有參加過「三青團」的什麼問題。

# 49.紅五類

在政治教員高老師開展班上的「小四清運動」之後，至少在我們班已經不是「有教無類」，而是搞起了封建的血統論，根據出身將同樣繳納學費的學生分出了貴賤。

如果說，在我們這個特別強調人民民主專政，後來更稱為無產階級專政的國度裏，除了法定的階級敵人「地富反壞右」之外，不斷的運動還在不斷地製造著層出不窮的階級敵人。

當毛澤東提出「千萬不要忘記階級鬥爭」的口號之後，為著證明領袖英明、為著證明階級鬥爭果然千萬不能忘記，階級鬥爭的擴大化是必然的。

尊奉鬥爭哲學的政黨，即便沒有階級敵人，也要製造出階級敵人來作為鬥爭的靶子。

事實上，在廣大農村，除了搞出一批「新富農」，隨著老牌地富的自然減員，地富子女已經被貧下中農當作繼續鬥爭、污辱的對象。

在城市、在學校，隨著階級鬥爭教育、憶苦思甜教育、階級敵人隨時準備變天奪回他們失去的天堂的教育，種種教育的不斷強化，家庭出身不那麼革命的孩子已經被打入了另冊。

毛主席所說的青年是「早晨八九點鐘的太陽」，不包括這些孩子。

共產主義接班人裏，沒有他們的地位。

相對於根正苗紅的紅五類，他們是賤民，是潛在的敵人，是黑五類。

我們班上自從高老師搞過「小四清」之後，黑五類學生灰心喪氣，極度壓抑，強化了自幼就有的自卑心理；而紅五類學生則耀武揚威，不可一世，時代氣候助長了血統高貴的觀念。

這種教育對人心、人性的毒化、戕害是普遍性的。

幾位出身革軍、革幹家庭的女孩子，本來相貌端正，也還楚楚動人，一旦明確成為紅五類，驕橫自得的神態堆滿面頰，她們竟顯得十分醜陋。

男學生的情況就更糟。我們班有一位姓任的同學，身高不足一米六，而且男人女相。而且不是什麼妙齡少女之相，是黑蠢拙肥的老婦女之相。他的外號就叫什麼「老婆子」。據說他父親是一名公安幹部，級別至少有二十四級。他爹到過我們學校一次，見到的同學說，比「老婆子」還低。個子低一點、相貌醜惡一點，有什麼辦法？那是遺傳，那是天災。那麼，有的同學出身不好，又有什麼辦法？為什麼就要受到歧視、打擊、污辱、壓抑？自家老子是局子裏的一個小跑腿，有什麼貢高自慢的？怎麼就自以為高級、貴族，以專政者自居、以壓迫者自許？

班上同學被迫自報家門過後，那位姓任的同學覺悟空前提高，鬥爭性格外高漲。他在班上，看見出身不好的男同學，要很誇張地當眾吐唾沫；路過女同學跟前，要一手捂了口鼻，一手在臉前扇動。而且，他一臉的正經顏色，義憤填膺的派頭

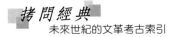

架勢，那作派分明是將同學、同窗比作了「不齒於人類的狗屎堆」。他的純潔、他的偉大，幾乎無可名狀。

這樣的共產主義接班人、如此的革命後代，響鐺鐺的紅五類，怕人不怕人？

假如我們的女班主任是一個「二毛主席」的話，那麼，這位姓任的同學實在就是一個「二林彪」、「三張春橋」。

# 50.上山下鄉

　　在班主任高老師的「小四清」運動中，同學們淹沒在恐怖與仇恨中、屈辱和狂暴裏，度過了高中二年級。

　　大家升到高三，高考成為每個同學首要關注的問題。

　　我們的班主任高老師又適時地在班上開展了又一個偉大的、創造性的運動。

　　當時，要知識青年上山下鄉的口號已然提出。侯雋、邢燕子、董加耕等回鄉知識青年榜樣標兵已經樹立。在高考升學率限定之下，必然有相當數量的高中生會落榜；在城市安排就業條件限制之下，待業青年人數與日俱增。幾乎與「六二壓」的動機一樣，國家總要設法將城市的多餘人口疏散到廣大農村去。

　　但在宣傳上，則把這種出於無奈的措施形容作一個偉大的、天才的構想。知識青年可以去農村改天換地，而且在同時又能接受貧下中農的再教育。那簡直就是天底下再好、再妙不過的事情。

　　知識青年們到底怎麼了？為什麼一定要不斷教育他們，而且要對他們實行「再教育」？中國農民的思想道德水準，特別是貧下中農的道德水準，又是否能夠「再教育」了知識青年？作為被教育的對象去到農村，如何就能改天換地？共產黨以執政者的地位，一聲令下，四海震動，多少年尚且未能改變農村

面貌，將如此艱鉅的任務交給可憐的知青，大家柔弱的肩膀扛得起這般重擔嗎？

我們班卻開展起了積極報名上山下鄉的群眾運動。高老師又是層層發動，積極份子帶頭，要大家人人表態，個個寫決心書。壓力之下、煽動之下，結果每個同學都上交了決心書。所有同學一律賭咒發誓，說考不上大學一定要下鄉。宣傳鼓動，又將上山下鄉運動的偉大意義誇大到無以復加的程度——矯枉過正、過猶不及，正是各種運動的絕對特徵——似乎要參加高考能夠考取大學變成了沒有意義的甚至是不光彩的行徑。

作為班上的團支部書記，我當時陷入了極大的矛盾之中，幾乎達到人格分裂的地步。一方面，我努力讀書，暗暗發誓要考上大學；另一方面，又帶頭表態、積極宣稱、公然發誓要堅決上山下鄉。我是那樣地嚮往上大學，希望自己不辜負父親的養育期冀，對得起他被套繩磨勒出的血痂如鐵的肩膀。這種嚮往，竟使我產生了巨大的負罪感。好像努力學習，爭取考大學，就是要去當特務，去反黨、反社會主義。

或者，到底是我太天真，到底是中國老百姓太善良。讀書明理，多學知識，建造自身並且報效國家民族，那只是大家的良好願望。

「知識越多越反動」。有知識、有文化，就可能有思想、有自我，這是極其不利於極權統治的。不利於對整個中國的軍營化管制，不利於只要毛澤東一個天才來替所有人思考的格局。

# 51. 《五一六通知》

　　事實上，在1966年的夏季之前，國家並沒有明確通知取消高考。

　　事實上，除了毛澤東一個人，草民百姓以及中央高官都無從知道偉大領袖要突然發佈什麼天才的指示、要突然發動什麼偉大的運動。

　　我們的女班主任，「二毛主席」高老師，也依然停留在動員學生「一顆紅心，兩套準備」的思維慣性格局中。高考呢，她的班集體最好有較高的升學率；上山下鄉呢，她的班集體也已搞過了人人表態賭咒發誓、在決心書上簽名畫押，會有較多的學生去農村改天換地。

　　在高考並未取消的前提下，班上同學仍在努力讀書，拼命復習功課。競爭是極其殘酷的：考不上大學，你就必須實踐自己的誓言，去戰天鬥地。

　　當然，也並不是考取高分就能上大學。家庭出身歧視是始終存在的。有個別賤民子弟竟然考取了大學，那只是證明政策寬大、皇恩浩蕩的一隻幌子。在太原三中，即有高材生率考不中的殘酷例子。

　　一位老師，曾經留學德國。他的夫人在1957年的反右鬥爭中，不甘受辱自殺了。自殺，歷來叫做自絕於黨、自絕於人民，尚還不是反革命的也要因為「自絕」行為被打成反革命。

這位老師單身一人，漢手漢腳、含辛茹苦地拉扯大一雙兒女。他的兒女學習非常好，在學校應稱著名。他的女兒年級比我們高，典雅端莊，高考分數超過北大錄取線很多，但是連我們山西大學都拒絕錄取她。那位老師的兒子，年級比我們低，因為一篇日記，被打成了小反革命。那孩子的日記，後來公佈罪狀時我們聽說了，其實也沒什麼可怕的咒語狂吠之類。他只是寫到：

> 睡覺的床鋪不好，自己一定要努力奮鬥，爭取將來睡上一張溫暖軟和的床。

這樣幾句令人酸心的話語，被上綱為對現實不滿，妄圖翻案變天。

目睹身邊的種種情狀，我唯有慶幸。慶幸我爺爺是一個窮光蛋，我爹是一名苦力工。我入了進步的共青團，而且擔任著班上的團支部書記，我不是受歧視的賤民。我的學習一向成績優異，考取中國任何一所大學易如探囊取物。

5月初，學校給大家發下了報考志願表。我報考了北大的天體物理系，還有一個飛行器系。我的爹媽沒有文化，在報考志願方面不能給我任何具體指導。班主任老師則希望我能報考中國人民大學，因為我們太原三中還沒有考取中國人民大學的先例。

5月中旬，黨中央突然在電臺報紙發佈了著名的《五一六通知》。

緊接著，黨中央發佈命令：全國所有大學、中學以及小學，一律停課鬧革命。

　　猖獗十年、史無前例的文化大革命，在1966年那個普通而又極不尋常的夏季，正式拉開了序幕

# 52.路線鬥爭

在1966年的初夏，黨中央下令所有學校停課鬧革命。

事實上，除了軍隊，學生團體成為最有紀律、最易發動、最便於利用的一支運動先鋒隊。

依據後來文化大革命發展的情形，我判斷：認為自己大權旁落的毛澤東，借助發動文革要實現的主要目的，不過是打倒劉少奇。或曰「炮打司令部」，要摧毀以劉少奇為首的黨與國家的權力班子。

但甚至從延安時代開始，劉少奇就是毛澤東親自確定的接班人。劉少奇在所謂「三年自然災害」期間，又率領全黨全民度過了極端困難、扭轉了國民經濟形勢，威望大增。要搞掉劉少奇，打倒自己選定的接班人，不僅在理論上有難以自圓其說的困境，在組織手段上也有不能正常操作的障礙。

我父親愛讀《三國》，曾經與我研討這一尖端話題：東漢朝廷要解決宦官當政的「十常侍」問題，本來是「一獄吏足矣」，結果是「何進無謀招董卓」，搞得天下大亂。毛澤東要幹掉劉少奇，也只是一個中央警衛班足以夠用，何必大動干戈，搞得天下大亂呢？

這只是老百姓的胡亂議論罷了。發動文革，是毛澤東不得不採取的一種非常手段。要在體制外、組織程序外來幹掉劉少

奇。西方記者曾經評論說，毛是拿自己幾十年建造的威望做了賭注，以「發動群眾」的手段來向劉少奇發難。

這時，「路線鬥爭」的口號提得比以往任何時候都要響亮。

新穎的甚至有幾分神祕的路線鬥爭，其實簡單明瞭不過：毛澤東自命為正確路線，而派定了劉少奇一方為錯誤路線、反動路線。

路線鬥爭擺在當前，要全黨、全軍、全國人民來選擇，包括要大學生、中學生與小學生們來選擇。

學生們毫無疑問地選擇了「保衛毛主席」。

作為運動，文化大革命最早就在學校開展起來。

學生不上課、不考試，專門搞革命、鬧造反、批鬥牛鬼蛇神、保衛毛主席，理由既堂皇，心情亦舒暢，何樂而不為。

大家迎來了革命的盛大狂歡節。

# 53.「兩桿子」：槍桿子，筆桿子

　　毛澤東發動文革，本來是自上而下號召的運動。毛澤東自己將其解釋為是一場自下而上的運動。群眾老百姓，在社會主義制度下，哪裏有可能自下而上運動。

　　中國封建社會，朝廷管理國家的官僚體系，委設官員的最下層是縣令。縣以下的鄉村社會無為而治，相對鬆動。當土地兼併嚴重，無地農民太多，農民可能造反作亂。自下而上的起義暴動，數千年屢見不鮮。

　　60年中國大饑饉，人相食，何曾有什麼造反作亂。共產黨以農村包圍城市，在農村建立根據地，政權統治向下延伸到農耕社會最底層的鄉村一級。

　　毛澤東自上而下發動史無前例的文革運動，所謂「自下而上」，就是要搞成全國動亂，目標向上，最終幹掉劉少奇。那麼，要幹掉羽翼豐滿的劉少奇，毛澤東手中有什麼牌呢？

　　文革初期，毛澤東親自另行選定的接班人林彪，一語道破。

　　林彪講，槍桿子、筆桿子，奪取政權靠這「兩桿子」，鞏固政權也要靠這「兩桿子」。

　　事實上，毛澤東說他大權旁落是不準確的。他只是讓出一個國家主席的位置給劉少奇而已。他依然是黨的主席，尤其還是中央軍委主席，軍權在握。當他另行選定林彪做他的接班人時，幾名軍委副主席爭相表態。

陳毅、賀龍、徐向前、葉劍英等都說：「林彪最年輕，身體最好，最領會毛澤東思想，最忠於毛主席。」

一句話，大家一致擁護毛澤東的決定。

毛澤東還動不動就視察大江南北，策動大軍區司令員表態：中央出了修正主義，你怎麼辦？

他還在黨中央會議上公然講過與林彪重新上井岡山打游擊的話。以不惜發動內戰、不惜國家陷於分裂的說法，威脅對手、恐嚇臣僚。

除了軍權在手，有恃無恐，他還把持著輿論宣傳的大權。

要開展文革運動，要橫掃一切牛鬼蛇神，要揪出黨內走資本主義道路的當權派，有《解放軍報》與《人民日報》連連發表社論。輿論立即傳遍全國。

具體掌握輿論工具、領導文革進程，他還成立了「中央文革領導小組」。

這個小組，網羅了康生、陳伯達、張春橋、姚文元等運動老手和陰謀家、文痞、文棍，特別是有毛夫人江青出任文革小組副組長。

江青，則被吹捧為「文化大革命的旗手」。

手中掌握「兩桿子」的毛澤東，在他七十三歲的時光，亦即孔夫子所說的七十「從心所欲不逾矩」的年齡，從心所欲，將國家、政黨玩弄於股掌之上。

獨裁專制，任意胡為，達於巔峰，空前絕後。

　　劉少奇被毛澤東選定為接班人，這個接班人在國家主席的位置上幹得漂亮。是為功高震主，是為「木秀於林，風必摧之」。你比我能幹，我就要幹掉你。

# 54.大破四舊，大立四新

　　文革狂亂首先從學校開始。由學生們率先掀起的狂亂則從北京的學校開始，然後迅速波及到全國。

　　北京學生的狂亂，看似自發，實質上都有中央文革的暗示與策動。

　　一開始，學生們響應中央號召，首先「大破四舊，大立四新」。

　　所謂四舊，我記得好像是「舊思想、舊文化、舊風俗、舊習慣」。

　　毛主席很早就說過：「不破不立。破字當頭，立也就在其中了。」大破四舊，所以作為文革運動的破題之筆，意在表演：這場運動，名為「文化大革命」，畢竟還是與「文化」有關。

　　精力旺盛、躍躍欲試的青年學生們，無限崇拜、無限信仰毛主席的孩子們，立即由校園衝向街頭，著手大破四舊。

　　大家砸商店招牌、毀壞霓虹燈，甚至不許使用「商」字。大家衝擊廟宇寺院，搗毀石雕泥塑，強迫和尚、尼姑還俗。大家肆意破壞古建築，包括一般民居的雕欄花脊。紀念國民革命抗清志士的墓碑，紀念國民黨抗日英雄的碑刻、街道標牌，一律搗毀。破壞所有文物，破壞之劇烈、之普遍、之徹底，亙古未有。

　　接著，學生們的攻擊目標轉向個人髮型、服飾，叫做掃除

資產階級生活方式。一些人家的鋼琴、油畫、古玩、金銀玉器被抄沒。男士不得穿西裝、結領帶，女士不准穿高跟鞋，不得留燙髮。革命學生在街頭手持刀斧，強行砸高跟、剪燙髮。婦女們心愛的旗袍、長裙，被當場剪作碎片，耳環、戒指一概沒收。女學生們甚至以不穿花衣服、剪作小平頭來表示革命性。任何文明、高雅、斯文掃地。

在飯店裏，學生們強迫顧客自己洗碗，不許人們像「資產階級老爺」似的讓人伺候。

商店裏的點心、月餅，叫做「美帝」、「蘇修」，於是人們便吃掉了帝修反。

荒唐、荒誕，無以復加。

人心惶惶，舉國震動。

《人民日報》立即發表評論員文章，為革命小將的偉大革命行動叫好。煽動破壞、鼓吹造反，唯恐天下不亂。

——抗日戰爭期間，共產黨每到一地發動群眾，也要先行拆毀廟宇、砸爛泥塑。從那時過來的老人們至今不解：打鬼子就打鬼子，誰不擁護呢？泥神木偶礙你什麼事？豈知那正是震懾人心的一種恐嚇手段。天地神靈尚且任我污辱，我怕誰？

——歷史上的農民起義，歷來破壞性極大。群氓、流民，以破壞任何文明高雅為樂事。

毛澤東在二十世紀二十年代寫作他的《湖南農民運動考察報告》時，充分肯定了當時的「痞子運動」。他早已注意到了這種運動的破壞性，注意到了痞子們的便於煽動可資利用。老人家積半個世紀的運動經驗，晚年再試，果然靈驗無比。

# 55.橫掃一切牛鬼蛇神

　　學生們大破四舊，在反封建的口號下，毀壞掉幾乎所有的文物古建；在掃除資產階級生活方式的口號下，掃除了幾乎所有人的西裝革履、高雅文明。整個社會已足夠震動，人心已足夠惶惶，運動先鋒青年學生的破壞欲望已足夠瘋狂。

　　這時，中央公然號召：橫掃一切牛鬼蛇神。

　　文化大革命的「文化」層面的表演已經完成，運動的矛頭開始指向了人。

　　當然，在毛澤東的詞典裏，有些人從來不是人，叫做「牛鬼蛇神」。

　　在農村，牛鬼蛇神無疑還是「地富反壞右」。這些專政對象在劫難逃，戴了高帽子遊街、體罰吊打，不一而足。有的地方，貧下中農造反隊，比土改時的貧農團還要兇殘。提出肉體消滅所有階級敵人，所謂階級敵人及他們的子女後代，被集體屠殺。

　　——後來柬埔寨共產黨玻爾布特政權就是這麼做的。據統計，一個六百萬人的國家，被殺害的階級敵人達到一百萬。

　　在城市工礦企業也成立了造反隊。歷史上有過污點、近年犯過錯誤、領導認為不聽話的刺兒頭，被作為牛鬼蛇神來批鬥。

　　我父親所在的搬運公司，批鬥牛鬼蛇神的殘酷手段如下：

　　要他們跪爐渣。爐渣嵌進肉裏。

給他們掛鐵板牌子，牌子上書寫罪名。幾十公斤的鐵板用細鋼絲吊在脖子上。鋼絲切開脖頸。

盛夏，給他們穿皮袍，在烘爐旁邊烤。將人烤到焦渴無比，舀來女工的洗澡水給他們喝。

在我們太原三中，與其他許多學校一樣，橫掃牛鬼蛇神的瘋狂運動最開始是在學校黨支部的祕密策劃下掀起的。

有一些家庭出身紅五類的學生，參加了學校黨支部召開的「左派學生」會議。校方透露了若干教師的出身歷史問題，左派學生率先給這些教師貼出大字報，揪出了所謂的牛鬼蛇神來批鬥。後來被揭穿，這屬於學校當權者把水攪渾，而保證自己安然無恙。

哪位老師出身不好，有什麼歷史問題包括生活作風問題，學生們是怎樣瞭若指掌的呢？只有學校當局暗中透露、策劃一途。但在當時，幼稚的學生們就幾乎全部被煽動起來：想不到階級敵人就在我們身邊，而且有這麼多！大家不起來進行鬥爭，橫掃牛鬼蛇神以保衛我們的紅色江山，行嗎？

書聲朗朗的校園變成了恐怖的行刑場。積年被煽動起來的對階級敵人的仇恨、積年傳統教育培養起來的革命狂熱，在那個史無前例的夏季爆發。鬥爭牛鬼蛇神，成為孩子們表現革命精神、革命覺悟的戰鬥火線。

——假如不是後來的運動發展到鬥爭黨內的走資派，一向領導各種運動的當權派，不會知道挨打、挨鬥是怎麼回事。假如不是文化大革命後來被定性為十年動亂，造反隊與學生們的暴行仍將被積極評價、充分肯定。因為鬥爭階級敵人，肉體折

磨包括肉體消滅牛鬼蛇神，歷來是各種運動的題中應有。在運動中，在所謂的社會失範期，被煽動起來的群眾有什麼過火行為，是難免的，甚至是被默許、受鼓勵的。至於冤枉了什麼人，事後平反就是。

打死牛鬼蛇神，或者牛鬼蛇神自絕於人民，那叫活該。

當時，毛主席的接班人、我們敬愛的副統帥林彪，就是這樣公然評價學生武鬥打人的暴行的。

# 56. 自來紅

　　我們三中黨支部當時確定的「左派學生」，清一色是出身
紅五類的孩子們。

　　他們以出身純正、血統高貴自居，以為自己最革命。

　　上面的選擇與他們自身的認定絕對一致：好比在農村，貧
下中農是黨的依靠對象，因為他們是既得利益者。又好比封建
時代有世襲爵祿的世家子弟，老子一輩打下江山，兒子們有權
坐江山、享特權。

　　一方面，他們公然宣誓，要忠於毛主席，包括忠於學校黨
支部，這些人成為後來的所謂保皇派的中堅；另一方面，他們
批鬥、毒打包括打死牛鬼蛇神，最堅決、最無情、最殘忍、最
沒有人性。

　　開初，這幫人自稱「自來紅」。這名堂首先從北京叫響，
然後傳遍全國。我們學校也很快有了「自來紅」組織，公然佩
戴印刷了「自來紅」字樣的袖標招搖過市。與之同時，他們公
然奉行張揚兩句口號，一副對聯，叫做：

　　老子英雄兒好漢
　　老子反動兒混蛋

　　橫披是：

基本如此

　　自以為血統高貴的「自來紅」幫派組織，是以革命軍人、革命幹部子弟為核心為骨幹的一支衝鋒隊。無所顧忌、有恃無恐，在大破四舊的口號下大搞打砸搶的是這些人，在橫掃一切牛鬼蛇神口號下瘋狂打人、殺人的還是這些人。

　　我們三中的「自來紅」，其中有我們班上那位二十四級公安幹部的兒子任姓同學。他們曾經將我們班一位女同學的父親綁架來學校，殘酷拷打一夜，活活打死。據說，那位女同學的父親在解放前曾經當過舊政權的法官。

　　那姓任的同學還將他老子的一套公安局的特務把戲搬到學校，隨便偷盜搜查同學們的日記本。在日記中發現了什麼出格的話語，立即公然作為迫害普通學生的證據。三中有不止一個學生被貼了大字報，被定性為小牛鬼蛇神。

　　——在文革作為十年動亂被定性之後，有人不斷質問：「那些文革初期打人、吊人的孩子，何以那樣殘忍？他們長大成人，又何以沒有一點懺悔精神？」

　　我們可以不做正面回答，不妨來設問、反問：「土改中的貧下中農，打人、吊人，何以那樣殘忍？延安整風中的運動積極份子，同樣打吊、批鬥被認為是托派、是國特的革命同事，他們後來可曾有所懺悔？」

　　毛主席的一條語錄，文革初期極為流行：「革命，不是請客吃飯，不是繪畫繡花，不能那樣溫良恭儉讓；革命是暴動，是一個階級推翻另一個階級的暴烈的行動。」

毛主席語錄號稱最高指示。最高指示允准的革命行動，懺悔什麼？

「自來紅」們將專政鎮壓理論加以發揮，有幾篇文章從北京傳遍全國。文章的題目赫然言道：「紅色恐怖萬歲！」

# 57.紅衛兵

在1966年的盛夏，中央發佈了關於文化大革命的《十六條》。中央精神與革命群眾創造的新鮮名堂裏，「經典」密集，層出不窮。

當「自來紅」與造反隊橫行人間之際，北京又傳來了一個響亮的名堂：「紅衛兵」。

北京一所中學的「自來紅」，給自己的組織取名紅衛兵。毛澤東本人親自給紅衛兵們寫了一封信。紅衛兵於是成為一個欽定的名堂，身價百倍。幾乎在一夜之間，全國大地長滿了紅衛兵。

在許多學校，最初的紅衛兵組織都是在「自來紅」的基礎上成立的。既是血統高貴的「自來紅」，又是毛主席的紅衛兵，這些人就自己叫囂說：「我們從裏到外紅透了。」一時之間，更加瘋狂、更加殘忍、更加沒有了人性。

紅衛兵的典型裝束是一身舊軍裝，腰間紮一條皮帶，一頂舊軍帽，帽沿直指天空。能夠有舊軍裝穿了耀武揚威的，是革命軍人子弟。他們成為紅衛兵裏邊的中堅，核心裏的核心。

「從裏到外紅透了」的紅衛兵，還搞過一個改名換姓的把戲：公開張貼告示，嫌自己的名字不那麼革命，而宣佈一堆新的名字若干，有「白革命、賈進步、胡造反、夏衛東」之類。

白革命、賈進步們攪得天下大亂之後，毛澤東龍顏大悅。

老人家興奮地說：「形勢大好，不是小好。形勢比以往任何時候都好。」

林彪一貫緊跟，立即出面解釋道：「亂，是亂了敵人。」

天下大亂，社會秩序大亂。企業停工停產，交通運輸癱瘓，直接影響國計民生。怎麼叫做「亂了敵人」？敵人是誰？毫無疑問，毛澤東與林彪所說的敵人，是指主持國家正常運轉秩序的國家主席劉少奇。你有本領，你幹得比我強，我給你來胡折騰、打砸搶。

當年夏天8月18日，毛主席和林彪以及中央文革領導小組成員，在北京天安門城樓上首次接見紅衛兵。

某高級幹部的女兒名叫宋彬彬，名字有彬彬有禮之意。毛澤東親自接見那女孩子時，金口玉言說：「要武嘛！」

宋彬彬立即改名宋要武。

武鬥、武打，打砸搶、肉體折磨，得到毛澤東的直接鼓勵與恩准。

# 58.牛鬼蛇神歌，牛棚

　　我們太原三中的「自來紅」、紅衛兵、革命小將，折磨、體罰教師中的牛鬼蛇神，如果不是最殘酷的，至少也是慘不忍睹的。

　　總務處的一位老師，給他戴高帽子，由於紙帽不現成，就在他頭臉上直接抹漿糊、膠水，報紙裹了一隻筒子。他什麼也看不到，走路撞牆、撞樹。小將們哈哈笑。

　　教導處的一位老師，「自來紅」們找來一個暖瓶鐵外殼給他戴高帽子。頭大帽子小，使磚頭硬砸，鐵皮帽子終於嵌進皮肉內。

　　初中的一位女老師，小將們要她跪下做舉手投降狀。雙手舉累了，不由要放下，小將們就毒打。那老師一直投降到暈過去。

　　高中二年級的一位班主任，因為作風問題，被他的班上學生批鬥，要他詳細講述交配過程。不講，就往身上潑開水。那老師慘聲嚎叫，聲音響徹校園。

　　我們班高中一年級時的班主任張老師，據說在舊社會做過市長祕書，被強令跪在三張課桌堆成的高臺上請罪，要他承認反黨、反毛主席。張老師苦苦哀告：「孩子們，革命小將們，我不反黨，也不敢反黨啊！」

　　小將們認為他不老實，狡猾抵賴，使木槍狠戳，將張老師從高臺上邊戳下來。他從高處栽落地面的聲音，猶如一隻巨大

的暖水袋落地，「咕嘰」一聲。然後，小將們再次將他逼上高臺，重複上述過程。

我不幸或者有幸正好路過那一批鬥場所，目睹了那一暴行。

年近六旬的張老師，在高臺上眼神恐懼無助，眼珠惶惶轉動，彷彿在哀哀求告。我再也沒有勇氣待在當場，以表示自己的革命覺悟。我到底逃離了那裏。

但我們誰能逃離那恐怖血腥的十年，那反人類的十年？

牛鬼蛇神們被揪出之後，無論男女，紅衛兵們給他們一律剃了花瓣頭與陰陽頭。——直到今天，一些標榜已經精神文明了的理髮店，其文明標誌之一，是拒絕給顧客梳理奇異的髮型。文革中強行給人們剃陰陽頭、鬼怪頭，卻稱為革命。

關押牛鬼蛇神的地方，稱作「牛棚」。

紅衛兵們還從北京學來了「牛鬼蛇神歌」，要牛鬼蛇神們掛了罪名牌子向毛主席請罪時，齊聲高唱那曲調怪異的歌子。

歌詞如下：

> 我是牛鬼蛇神，
> 我是牛鬼蛇神。
> 我有罪，我有罪，
> 我對人民有罪。
> 人民對我專政，
> 我要老老實實。
> 如果我不老實，
> 把我砸爛砸碎！

# 59.炮打司令部

　　當文革運動在全國搞到如火如荼，整個社會環境，空氣足夠緊張、火藥味兒足夠濃烈，在1966年8月7日，毛澤東發表了他的一張大字報〈炮打司令部〉。

　　炮打司令部，矛頭所指，非常明確。

　　紅衛兵與造反隊沉溺於對牛鬼蛇神們的專政鎮壓、批鬥折磨時，運動打手與運動對象們都不明白：這次運動的發起人毛澤東究竟要幹什麼。

　　各級黨政機關領導包括黨的高級領導人，也不明白毛主席究竟要幹什麼。

　　劉少奇還沒有被打倒，他跟隨毛主席一起出面接見革命學生、革命群眾代表時，親口說：「文化大革命幹什麼，你們不知道，我也不知道。」

　　毛澤東的〈炮打司令部〉，回答了大家的疑問、指明了鬥爭的方向。如今，已不是「中央出了修正主義怎麼辦」的問題了，而是老人家已然認定、已經派定：劉少奇就是中國的赫魯雪夫；以劉少奇為首的領導班子是資產階級反動路線的司令部。號召大家起來向劉少奇開火，是為「炮打司令部」。

　　毛澤東發表〈炮打司令部〉，時機把握也大有奧妙。

　　在中央，毛澤東事實上是唯我獨尊，可以大辦「一言堂」。無論國家主席劉少奇還是國務院總理周恩來，始終努力

緊跟毛澤東。文革開始之後，黨中央依然如同歷次運動一樣，派出工作組去指導群眾運動。

毛澤東將突破口選擇在北大。

北大，如同其他許多學校、許多單位一樣，具體領導人在具體工作中，難免有錯誤或者失誤。學生或者群眾，在運動來臨之際，給領導貼大字報，申冤訴苦、提意見，包括揭發問題，也是難免的。而有反對校領導的學生，必然也有保衛校領導的學生。大字報論戰，乃至人員衝突，在所難免。

於是，毛澤東抓住這一機會，給北大工作組以及派出工作組的黨中央，定性為「鎮壓學生運動」。大字報用詞有「何其毒也」的句式。

最高統帥一聲令下，中央文革領導小組火速部署，至此，在北京在全國掀起了一個「炮打司令部」的狂潮。

在首都，紅衛兵提出了打倒「劉鄧陶」的口號，鬥爭目標直指劉少奇、鄧小平以及陶鑄。

在全國各地，省地縣市，紅衛兵們起而效尤。比如在山西，口號是打倒省委領導「衛王王」。

等而下之者，一般學校、普通企業，幾乎所有單位的領導人當權派，都被打成了走資派。

只因為劉少奇主持工作，在劉少奇主持工作期間的各級領導、各級幹部，就陷入了一場空前的浩劫。

走資派落入與牛鬼蛇神同樣可悲的境地。一向領導運動鬥爭敵人的革命領導們，絕對始料未及。

所謂文革前的十七年，至今被人殷殷懷念。恰恰是在十七

年裏被革命教育、路線教育出的學生們、紅衛兵們，起來殘酷
鬥爭他們的老師與校長，鬥爭幾乎所有的各級領導人。

他們曾經大學雷鋒。如今，他們是毛主席的革命小將紅衛
兵。他們絕對聽從毛主席的教導與指揮。毛主席指示我照辦，
毛主席揮手我前進。毛主席號召「炮打司令部」，大家立即高
呼打倒「劉鄧陶」。

劉少奇的子女在學校、在單位裏立即受到歧視。

劉少奇的夫人王光美立即遭到綁架批鬥。

劉少奇本人也立即受到衝擊圍攻。

劉少奇最終沒能逃掉被肉體消滅的殘酷命運。

# 60.大串聯，毛主席接見紅衛兵

　　毛主席於1966年8月18日在天安門城樓上首次接見了首都紅
衛兵。

　　所謂接見，毛主席只能在天安門城樓上接見少數紅衛兵的
代表。成千上萬的紅衛兵們聚集在廣場上，遠遠地瞻仰朝拜，
老人家在城樓上往來走走，向大家揮手致意。儘管如此，紅衛
兵們遠遠瞻仰，無法看清龍顏御容，仍然歡呼雀躍，涕泗交流。

　　偶像崇拜，天子威儀，達於空前。

　　首都紅衛兵有此殊榮，那麼全國的紅衛兵呢？大家就沒有
權利瞻仰御容嗎？

　　最早，是遼寧的一支紅衛兵，一行十五人，步行數百公
里，從遼寧奔赴北京，希望也能有機會受到毛主席的接見。

　　中央大報立即登載了這一消息，而且大加讚賞這一行為的
忠誠意義。中央文革小組與毛澤東本人，看到這一行為的實用
價值，給其定名為「大串聯」。號召、呼籲全國的紅衛兵，出
門串聯，以進一步攪亂整個中國。

　　全國的所有大學、所有中學，包括所有小學，所有紅衛
兵，該是怎樣一個龐大的數字？毛主席親自恩准大家坐火車、
乘汽車可以不買票，到北京等候毛主席接見期間，住宿吃飯通
通免費。

　　毛主席策劃文革運動以對付劉少奇，對手是那樣不堪一

擊，勝算已然在握。紅衛兵們衝鋒陷陣，立了功勳。龍心無疑大悅：「孩子們，兒郎們，玩起來呀！」

數以百萬計的紅衛兵們，離開學校、離開家鄉，衝上汽車、湧上火車。鐵道部與交通部的領導一邊接受造反派的輪番批鬥，一邊來應付大串聯。

正常旅客運輸、正常物資運輸受到極大影響。紅衛兵們還要胡攪蠻纏，說紅色代表革命，交通規則為什麼要紅燈停止、綠燈放行？

整個中國，交通運輸嚴重超負荷，列車嚴重超載、超員。北京人滿為患。首都各單位負責接待紅衛兵，安置食宿，一時焦頭爛額。

周恩來總理日夜工作，疲憊不堪。

但包括周恩來在內，沒有任何人敢提出反對意見。毛主席的任何決策英明無比，大家唯有積極回應，遵照執行。

城市工礦企業，造反派揪鬥走資派，再加上交通運輸問題，停工停產嚴重。唯有農民還在種地打糧。剛剛從饑饉災荒中活轉來的農民，默默勞作，支撐著這個陷於瘋狂的東方大國。

# 61.抓革命，促生產

　　在文化大革命開始之初，中央提出了「抓革命，促生產」的口號。

　　這一口號的句式，在共產黨先前的歷次運動中也常見。比如「前方打鬼子，後方鬧生產」、「反右傾，鼓幹勁」等等。後來直至今天，依然常用，比方「一手抓精神文明建設，一手抓物質文明建設」。這是一種基於相當典型的農民思維的口號句式。好像農民一手提著糞筐子一手拿著糞叉子，只有兩隻手來安排活路的情景。

　　「抓革命，促生產」的口號，從語意層面來看，也相當費解。1973年，我初學創作，給太原報社投稿，在報社編輯部我就曾經提出疑問：美國日本經濟發達、生產先進，它們是「抓」什麼而「促」生產的呢？生產的發展與否，和革命有什麼必然的內在的聯繫嗎？當然，這樣的提問在那樣的時代，幾乎就是「將軍」。

　　事實上，抓革命並不能夠促生產，而簡直只能破壞生產。

　　事實上，全國人民要生存、要吃飯，並不能通通像學生一樣停課鬧革命、純粹鬧革命。生產到底不能停止、不能廢除。

　　紅衛兵們響應毛主席的號召，坐火車不買票去搞大串聯，沒有人開火車行嗎？

　　當然，在所謂全民所有制的工礦企業、在各級黨政職能部

門，大家如果不工作、不生產而只要「革命」就可以領工資，如此革命大家何樂不為呢？革命在事實上已然極大地影響了生產。

而只有農民是社會主義條件下地位最低的階層。他們沒有星期節假，沒有任何勞動保護保障，沒有病假，沒有什麼離休、退休，他們被捆綁在土地上，不得不終年勞作，否則，他們首先就要挨餓。

事實上，毛澤東指揮若定、大氣磅　地發動文化大革命，是建築在幾億農民的犧牲付出之上。假如中國農民也來停工停產大串聯，文化大革命連一天也搞不下去。當然，事實上，農民只能老實種地，而任他們的大救星胡作非為。大救星對此情勢，洞若觀火。

「抓革命，促生產」的口號，可以套用到任何行業。比如，「抓革命，促科研」之類。但這個口號在教育戰線不適用。學生一律停課鬧革命，高校停止招生。國家就不要學校不搞教育了嗎？

有識之士和憂國憂民之輩在疑問、在擔心，匹夫有責、國家主人似的。

作為應屆高中畢業生，在革命狂熱消退之後，卻是不能不考慮：還會讓我們考大學嗎？

作為這一批學生的家長，也不能不考慮：孩子不得考大學，又不得退學找工作，家裏養活了，整日搞革命，何時是個了局？

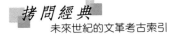

　　任何堂皇的革命，也必然會遭到現實的無情檢驗、會遭到千百萬人世俗生活的匡正制約。

　　而毛澤東的革命豪情方興未艾。

# 62.革命大聯合與派性武鬥

　　與革命大串聯相彷彿，還有個口號叫做革命大聯合。

　　在學校、在工礦企業，大大小小的紅衛兵組織與造反隊組織聯合起來，成立了囊括許多組織的更大的組織。

　　比如在我們太原三中，具有造反傾向的許多戰鬥隊就聯合成立了「紅旗」紅衛兵。

　　比如在整個太原市乃至整個山西省，許多中學與大學的造反組織進一步大聯合成立了「紅聯站」。

　　而在同時，由於觀點不同、利益利害不同，另一些紅衛兵與造反隊的組織也聯合起來。

　　比如在太原三中，成立了與「紅旗」紅衛兵相對立的「東方紅」紅衛兵；在整個山西，則有與「紅聯站」相對立的「紅總站」。

　　全國各地都出現了對立的兩派紅衛兵與造反組織。每一派都聲稱自己熱愛毛主席，擁護毛主席的革命路線。

　　派性鬥爭愈演愈烈，全國各地都爆發了規模空前的武鬥。

　　工礦企業的工人們開始自製長矛、大刀等冷兵器，既而動用了民兵武裝的步槍、機關槍甚至坦克、大炮。

　　群眾組織如果一派是造反派，另一派必然是所謂的保皇派。

　　《人民日報》曾經發表社論，號召打倒「資產階級保皇派」。但保皇派組織拒絕解散，或者並不承認保皇。事實上，

毛主席在打倒劉少奇的同時，要打倒全國所有當時執政的當權派，遇到了頑強的抵制。要自以為最革命的一批「自來紅」打倒他們的父親，「自來紅」們這時拒絕再當毛主席的好孩子。他們瘋狂打人、隨便殺人的豪邁不知何處去了。

《人民日報》還曾經指出，兩派群眾組織打派仗是走資派「挑動群眾、鬥群眾」。但派性武鬥依然故我。

毛主席親自發動的所謂群眾運動，好似魔瓶中放出的妖精，一時張牙舞爪，不易收伏。

又好似氾濫了的河水，再也無法使之歸回原先的河床。

# 63.「三支兩軍」

在運動有所失控、停工停產嚴重、天下大亂的情況下，毛澤東出動了他的軍隊、使出了他的殺手鐧。

毛澤東後來在一次會議上強調：「三支兩軍」這種簡稱有缺陷，將來的人們會不明所以。他對自己的得意之筆相當看重，樹碑立傳的念頭格外強烈。

結果，當下所有的報紙提及「三支兩軍」都進行了詳細解說。

三支，是指支工、支農、支左。

兩軍，即是軍管、軍訓。

「支工」之類，其實還是簡稱。

支工，是指支援工人、支援工業生產。

支農，則是支援農民、支援農業生產。

支左，號稱是支持左派革命群眾組織。

——何謂左派，沒有具體標準。結果，不同的部隊甚至同一部隊支持了完全對立的兩派群眾組織。群眾到部隊來搶武器，成為「明搶暗發」，群眾組織手中的武器幾乎比部隊現役的武器還要先進。武鬥更加趨於激烈。

軍管，即軍事管制。國家要害部門，報社、電臺、原子武器庫等等，軍管。

軍訓，則主要是來對付大學生與中學生的。

學生停課鬧革命、進行大串聯，大家已經太少約束、變得太野，要對之進行軍事訓練。

儘管沒有在全國實行軍事管制，「三支兩軍」的實際效用也差不多等於全國軍管。

紅衛兵與造反隊的任務已經基本完成，孫猴子大鬧天宮過後，如來佛要將他壓到五行山下，至少也要給他戴一隻緊箍兒。

——「三支兩軍」的執掌一方最高權力的軍隊幹部，叫做軍代表。軍代表突然得到一片新的領地，又不似原先地方幹部有所約束，胡作非為、作奸犯科、污辱婦女的惡行層出不窮。太原市某一城區的軍代表，為保養身體，經常蒸吃醫院的早產胎兒，老百姓背後稱之為「吃人魔王」。

# 64.早請示，晚彙報

　　不知是由紅衛兵最先創造還是由解放軍帶到地方，也不知是從封建禮儀吸取借鑒還是從天主教、基督教搬用抄襲，全國人民、各行各業，無論老幼、不分男女，一律開始搞一種向毛主席他老人家進行「早請示，晚彙報」的把戲。

　　這是一種宗教迷狂，把毛主席作為大家的大救星、救世主、佛主、教皇來崇拜敬仰。

　　具體儀式如下：

　　首先，無論是一家人或者是一群人，早上起床之後，大家列隊在毛主席的畫像前肅穆站立。當時，毛主席的畫像幾乎貼遍了所有的場所。曾經有人將老爺子的畫像貼在廁所，因為毛主席應該統治人民的所有行為、所有時空。大家在大小便的時候也不能只顧拉屎撒尿，而應該想念毛主席。這後來被制止了。那麼，大家在拉屎撒尿的時候，就可以不想念毛主席而可以想念劉少奇、蔣介石了嗎？當然也不是。

　　大家站立整齊之後，一齊掏出語錄本來。從66年下半年開始，由林彪在部隊首先印發的毛主席語錄本，全國散發，達到人手一冊。

　　這時，有人帶領，開始早請示的具體儀式。

　　大家一起高舉語錄本按節奏揮動，並且齊聲朗誦：「首先，讓我們共同敬祝我們心中最紅最紅的紅太陽，偉大領袖、

偉大統帥、偉大導師、偉大舵手毛主席，萬壽無疆、萬壽無疆、萬壽無疆！敬祝偉大領袖毛主席的親密戰友，我們敬愛的副統帥林副主席身體健康、身體健康、永遠健康！」

朗誦過這兩句禱詞之後，大家還得背誦毛主席語錄「老三段」與「新四段」。好像基督徒們每天必須念誦的禱詞讚語。

早上例行早請示，晚上則例行晚彙報。

晚彙報的時候，人們還多半要在毛主席的畫像前呆立一刻，心中默默向教主彙報一天的行為。

除此而外，大家開會、開工、開始做什麼事情，也都要重複那一套儀式。比方，在學校或者機關，大家一日三餐開飯之前，要在食堂門口列隊舉行請示儀式，然後才能開飯。「早請示，晚彙報」推廣到農村，農民乾脆就在各家的神龕那兒供起了毛主席的畫像，焚香叩拜，禮敬如儀。當然，因為大破四舊，不許農民敬神，有些狡猾的農民就將馬王爺、灶王爺等神像隱藏在毛主席的畫像後邊。

——有一則真實案例講，一對城裏夫妻回鄉，到晚間過性生活之前，也虔誠地進行請示儀式。但鄉下人有聽房習慣，想聽聽城裏人是怎麼辦事的。結果聽到「首先敬祝」之類，這一對夫妻竟然被打成了現行反革命。而夫妻兩人連呼冤枉，極力辯白，說只是因為絕對忠於毛主席，要讓偉大統帥統帥自己的一切行為。

# 65.「忠字化」運動

68年2月，部隊徵兵。我應徵入伍，到著名的三十八軍師部偵察連當了一名偵察兵。

高考停止，升學無望，工礦企業又不招工，當兵入伍不妨說也是一條出路。

部隊紀律嚴格，毫不誇張地說，那是上廁所都要向班長請假。所謂當兵不自由、自由不當兵，皆是題中應有。但我當兵的年月，對毛主席的偶像崇拜登峰造極，到了讓人忍無可忍的地步。

除了「早請示，晚彙報」，佇列操練、敬禮報告等任何動作、語言都必須按照儀式規定來搞形式主義。

比方，連隊點名，花招百出。

值星排長喊：「立正！」

戰士們要齊聲喊：「立場堅定！」

排長喊：「向左看齊！」

大家喊：「忠於毛主席！」

排長喊：「向右看齊！」

大家喊：「打倒劉少奇！」

打電話呢，你拿起聽筒，接線員會突然喊「為人民服務」，你要接著喊「完全徹底」，他才會幫你接通對方。如果

他喊「要鬥私」，你得接「批修」。大家對暗號似的，來這麼一番。

到部隊開始搞「忠字化」運動，形式主義更加猖獗。

戰士們的寢室裏本來張貼有毛主席畫像，這時要在畫像下面貼一個大大的忠字，要用一圈紅紙剪的忠字將主席像包圍起來。

每個戰士的床頭，背包上、背包帶上，槍柄，槍托上，刷牙缸上，牙刷把兒上，都得貼有忠字。

大家還得每天跳忠字舞。

——封建時代，文武大臣上朝面君，才要嵩呼萬歲，舞蹈朝拜。毛澤東時代，搞得全國百姓天天嵩呼萬歲、日日舞蹈朝拜。

毛澤東自己強調過：個人崇拜還是需要的。公然要求人民與臣下阿君諛聖者，毛澤東應稱千古一人。

# 66.「哭泣」典型

　　在部隊，由於農村士兵居多，整體文化素質偏低，背誦、書寫毛主席語錄出錯者很多。大家上廁所用廢報紙當手紙的也很多，而那時的報紙上，毛主席的畫像與語錄都特別多。這樣，一時出現的現行反革命就特別多。

　　一些無知與無心的戰士，本來忠於毛主席，由於偶然出錯成了反革命。他們被撕去領章、帽徽，被關押起來，陷入絕望而瘋狂的人們撕扯自己的衣服、頭髮，碰頭撞牆，瘋狗似的吼叫哭嚎，慘不忍睹、慘不忍聞。

　　與之相反，也有一些機謀深險的傢伙見風駛舵、投機鑽營。

　　某一部隊有個傢伙，每天在連隊熄燈後，不睡覺，而是在被窩裏用手電筒照明學習毛主席語錄。他自己張揚，希望自己部隊出模範標兵的領導也大力宣傳，這個傢伙就成為一名學習毛著的典型。他的被窩裏讀書的做法被總結成是什麼「過小電影」。「過小電影」的經驗四處報告介紹，差不多推廣到了全軍。一時間，全軍幹部、戰士人人要買手電筒。熄燈之後，所有人鑽到被窩裏開始學習毛主席著作。值星排長、查鋪連長要偷偷進行檢查：看你被窩裏亮著手電筒沒有，看你鑽在被窩裏幹什麼。

　　另外一支部隊，卻因為一個偶然事故而樹起了一個「哭泣」典型。

　　部隊搬家，一名戰士負責搬一尊毛主席的石膏像。一不小心，把石膏像給砸了。這可就是了不起的大事故。那戰士傻了眼，不敢也不知該如何處理石膏碎片，只好跪在地下哭泣請罪。班長發現戰士不歸，前去尋找，見了那情景，沒法子，也只好跪下請罪。這一來，請罪活動一直搞到師部。師長打過仗，有些膽量，也有點腦子，靈機一動，就說那砸了主席像的戰士，對偉大領袖毛主席感情深，砸了主席像哭得死去活來。砸了石膏像的事故才算有個辦法下臺。而那戰士被樹成了一名學習毛著的典型，四處介紹經驗、做報告，做報告的時候，痛哭流涕。聽報告的幹部、戰士也不能對毛主席沒有感情，也得一齊痛哭流涕。於是，數千人、上萬人的大會就變成一個比賽哭泣、表演哭泣的大哭喪。

　　——現在，如果不曾經歷見識過文革個人崇拜情況的人，可以看看我們的鄰國朝鮮。直到當今，朝鮮幹部與老百姓一旦說起他們的偉大領袖金日成、說起金日成的兒子現任領袖金正日，還得表演痛哭流涕，以偽裝無限忠誠。不痛哭者，就會打成反革命。

　　伊朗教民崇拜霍梅尼、伊拉克人民崇拜薩達姆的狀況，也同樣與文革當中對毛主席的崇拜相彷彿。

# 67.上山下鄉，接受再教育

從66年開始文革到69年，學生停課鬧革命，高中生與初中生都在學校裏整整囤集了三年。

三年時光，大學生不畢業、中學生不高考、小學生不升學，成為一個不容忽視的社會問題。

毛澤東撥弄整個國家與股掌之上，解決如此一個小問題不在話下。

在69年，毛主席一聲令下，發出了號召城市中學生到農村去的最高指示。老人家說：「農村是一個廣闊天地，知識青年到農村去，接受貧下中農的再教育，很有必要。」

這就是影響了整整一代人命運的知識青年上山下鄉運動。之所以叫做運動，是因為知青上山下鄉並不是自願的，而是強制性的。街道居委會的老太太整日到家裏來動員，派出所強行下戶口。上百萬的城市中學生就一股腦兒地發配到廣大農村。

農村果然是一個廣闊天地，是毛澤東搞所有運動、所有政治試驗的巨大垃圾場。

幾百萬城市青年被剝奪了升學考試的權利、被剝奪了在城市生活的權利。他們不得不告別父母親人、不得不背井離鄉，去到艱苦而陌生的鄉下，開始他們人生的苦難歷程。升學絕望，回城絕望。

　　大家被發配到農村也就罷了，問題在於還得接受貧下中農的再教育。

　　知識青年究竟怎麼了？為什麼要教育他們，而且要「再」教育他們一回？

　　毛澤東自己曾經說過，嚴重的問題是教育農民。貧下中農作為農民中的最貧窮、最落後的階層，如果說他們的道德水準不是最低，至少也是足夠低，他們如何就能再教育城市知識青年？

　　無數的知青受過了無數的苦難。他們中有少數人作為官方典型，得到了恩賜官職地位等好處。他們中的另外少數人憑著個人的苦鬥，後來成為作家、藝術家。而多數人的青春被毀滅葬送。少數人的成功絕對無法掩蓋、替代多數人的無奈失敗與苦難犧牲。

　　一些女知青被侮辱強姦，哭告無門。一些女知青在不得已的情況下，嫁了農民，落戶鄉間。

　　官方報紙曾經稱讚嫁給農民的女知青，曾經大肆宣傳過一名女大學生嫁給農民的所謂事蹟。宣傳口徑彷彿認定：其他所有女大學生不嫁農民就是覺悟不高。一些人曾經認為農民與農村青年原本就在農村，他們又到那裏去訴苦、叫屈，以此無視、輕視城市知青的苦難。想來有些殘酷。

　　至於個別知青說什麼「青春無悔」，只使人想到「萬劫不復」四個字。

# 68.共產黨「九大」

中國共產黨在1956年召開黨的第八次代表大會。大會認定急風暴雨式的大規模階級鬥爭已經結束，提出解決人民內部矛盾的說法，確定了黨的中心任務是開展社會主義經濟建設。

毛澤東覺得大權旁落，發動文革，要幹掉劉少奇，黨的路線就完全扭轉到政治鬥爭、路線鬥爭上來。

一個政黨，搞一黨專制，遲早要受到專制弊病的懲罰。

一個政黨，搞個人崇拜，歷史證明已經受到了個人崇拜的極大危害。

在文革中的1969年，共產黨召開「九大」。依照慣例，大會自然被說成是什麼團結的大會、勝利的大會。

大會的主要成果，一是永遠開除劉少奇的黨籍，一是將林彪確定為毛澤東的接班人並寫到黨章上。

劉少奇被羅織的罪名是「叛徒、內奸、工賊」。

後來在毛澤東去世後，鄧小平掌權，給劉少奇平反。所謂的叛徒罪名不成立。事實上，毛澤東搞了一個莫須有，屬於欲加之罪，何患無詞。對劉少奇而言，最大的錯誤只是在政治鬥爭中失敗。成者王侯敗者賊寇罷了。

在「九大」召開之前，劉少奇已經死亡。毛澤東將他認為的最大政敵予以肉體消滅。根據後來的報導，劉少奇被祕密押解到河南，祕密折磨致死。火化時，用的是一個假名。

根據後來的其他有限的報導透露，彭德懷、賀龍等人亦是在被關押期間祕密折磨致死。

毛澤東與中國歷史上許多開國君主一樣，陷入了屠殺開國功臣的命定罪惡之中。有所區別者，歷史上的開國君主屠殺功臣，是要給他的兒孫掃平敵手；毛澤東屠殺開國功臣，錦秀江山卻不能歸毛家王朝。自己打下的江山，不能永遠佔有，毛的這種變態心理，主宰了他最後的毀滅性大瘋狂。

# 69.天天讀，講用會

學習雷鋒運動，當時一般人的淺層理解，一是學習毛主席語錄，二是做好人好事。當然，因為學了什麼語錄，所以才耳邊響起毛主席的偉大教導，因而才助人為樂做好事，這都要回家寫日記。

我當兵的年代，部隊有一個「天天讀」。每天的第一件事、第一項任務，是用一個小時來學習毛主席語錄。部隊兵員，絕大部分是農村兵，其中不識字、沒文化的多。大家背誦聖經似的背一些句子，其實並不理解意思。於是，經常鬧笑話。

毛主席著作裏邊，有著名的「老三篇」，是〈為人民服務〉、〈紀念白求恩〉和〈愚公移山〉。〈紀念白求恩〉裏邊，介紹白求恩不遠萬里來中國，不幸以身殉職。「不幸以身殉職」，有的士兵就不理解，只知道是一句誇獎白求恩的話。我們班曾經請九班長來介紹學習毛主席著作的經驗，我們班的班長就說：「九班長工作很忙，能從九班到我們班來介紹經驗，這真是『不幸以身殉職』呀！」

對於學習毛主席的語錄，最善於揣測毛澤東心理的林彪，曾經總結了幾句話，叫做「活學活用，急用先學，學了就用，立竿見影」，把毛澤東的語錄變成萬應靈藥、變成可以有神奇功能的符錄。部隊與地方還搞那種介紹「急用先學、立竿見

影」的經驗的報告會，特別叫做「講用會」。即便掃一掃地，也要說是耳邊響起毛主席的教導。學習毛著搞得極其庸俗化。

農村的社員一旦被組織學習〈愚公移山〉，大家立即明白：生產隊的糞堆又大了。

用什麼偉大理論武裝頭腦，立即可以改造自身、改造社會，這樣的思維方式至今沒有壽終正寢，而是常用常新。至少在各級官員的官話、套話裏，連他們自己也不相信的報告裏，總結經驗時必定要說：什麼什麼是學習馬列主義的結果、是學習鄧小平理論的結果、是學習江澤民講話的結果。

# 70.一不怕苦，二不怕死

學習雷鋒運動開始後，部隊的英雄模範典型人物不斷湧現。

有一個王傑，是在幫助民兵訓練時，炸藥包要爆炸，他撲到炸藥上光榮犧牲。

有一個劉英俊，是驚馬狂奔，他奮勇阻攔，被馬車軋死。

有一個歐陽海，是馱著炮管的軍馬臥在鐵軌上，他去推開軍馬，自己被火車碾死。

後來就出現一句口號。毛主席也說：「我贊成這樣的口號，叫做『一不怕苦，二不怕死』。」

領導軍隊、指揮軍隊，大概需要這樣的吧。工程兵、鐵道兵，打山洞、鋪鐵路，勞動強度極大、生命危險性甚高。戰士們每月只掙六塊錢津貼，那是怎樣廉價的勞動力啊！

戰士們當兵入伍，想入黨、想提幹，當然都想當英雄。可是哪裏有那樣多的事故呢？有事故是否自己就正好能遇上呢？所以，自己製造事故來立功表現的例子層出不窮。自己放火，再自己表演救火；砍傷自己，敘述成是與階級敵人進行了殊死搏鬥。

人心被極大敗壞，人性被極大扭曲。

做好事，衍生出許多匪夷所思的壞事。

而當真的出了事故，比如由於盲目施工、錯誤指揮，山洞造成大塌方，被一些險惡的、沒有人性的傢伙說成是鍛鍊部隊

的大好機會。他們在一邊高呼口號,要戰士們「一不怕苦,二不怕死」,往隨時可能繼續塌方的山洞裏衝。戰士們死得愈加慘烈、死得愈加人數眾多,才愈加體現了革命精神,才能愈加寫出符合時代要求的報導,部隊以及部隊領導才能立功受獎。

在部隊裏,發生過要戰士們結成人牆來堵擋海嘯的殘酷而愚蠢的指揮。整營、整團的士兵被海嘯吞沒。

在知識青年下鄉的某地,發生過要知青們跳到山洪裏去搶救國家財產的慘事。

革命英雄主義的凱歌響徹雲霄,人的生命被視如草芥。

在打江山得天下的帝王眼中,對方的兵士是敵人,自家的兵士是炮灰。

殘酷之處,是要戰士們自覺地甘願當炮灰。

——前幾年流傳幾句民謠,講人分幾等。

一等人,是公僕,兒孫後輩都享福。

十等人,老百姓,學習雷鋒幹革命。

# 71.林彪滅亡,「九一三」事件

　　中國人的習慣思維,評書戲劇的歷來套路,都是說皇上英明,只是奸臣或者西宮小老婆壞女人作怪,壞了國家大事。

　　紂王無道,是寵倖妲己。

　　西周滅亡,是寵倖褒姒。

　　殺害岳飛的,是奸臣秦檜。

　　迫害楊家將的,是奸臣潘人美。

　　文革狂亂,倒行逆施,老百姓理解成是壞女人江青作怪,是奸臣林彪罪大惡極。而權威機構對文革的解釋,絕沒有超越老百姓理解的層面。

　　林彪,是毛澤東欽定的接班人,作為文革偉大成果寫到了黨章上。

　　但是,1972年突然爆發了著名的「九一三」事件。據官方報導,說林彪要殺害毛主席,陰謀敗露,倉惶逃跑,所乘的三叉戟飛機墜落在蒙古的溫都爾汗。整個情況概括為「林彪自我爆炸」。

　　林彪作為毛主席的接班人,突然要逃往我們當時的頭號敵國蘇聯,這樣的突發事件該向世人做何解釋呢?

　　當時的說法通過中央文件層層向下傳達,使用的還是歷來慣伎:盡快地將林彪搞臭。緊急傳達下來的林彪罪狀主要是兩條,一條說林彪想當皇帝,一條說林彪給他的兒子選妃子。

已經是所謂社會主義時代了，林彪給兒子選妃子，不是太倒行逆施了嗎？再說，毛主席還健在，林彪就要當皇帝，豈不是大逆不道？

緊接著，開始有詳細材料下達，說林彪有一個完整的計劃，要殺害毛主席。同時，如同搞其他反黨集團一樣，又把林彪說成是歷來就反動、壞蛋、怕死、陰謀、一貫反對毛主席等等。

林彪既然那麼壞，毛主席為什麼要選他做自己的接班人？報紙傳媒與中央文件則不做起碼的解釋。

事實上，是毛澤東借助林彪在軍隊的勢力打倒了劉少奇之後，林彪作為權力中心的第二號人物取代了劉少奇在黨內的地位。多疑的毛澤東又覺著大權旁落，又睡覺不得安穩了。他要除掉林彪，反而宣傳是林彪要殺害他。

事實上，權力鬥爭的骯髒無恥，至此暴露無遺。迷信崇拜的冰山，從此開始崩塌。曾經偉大神聖的把戲，穿幫漏底。

玩政治的，最終玩住了自己。

人民的政治狂熱急劇降溫，盲目崇拜開始變成審慎的思考。

文革尚在進行之中，一時難以收煞，但已經敲響了喪鐘。

# 72.「一打三反」，「學習班」

我68年入伍，70年復員。當時陸軍兵役兩年。我在部隊也是努力表現、積極賣弄，想入黨、想當官的。然而，至少有兩點不利。一點，個性太強，主觀上不適宜部隊那樣絕對服從的環境。再一點，我父親有歷史問題，客觀上也不可能入黨提幹了。

幾乎是我剛剛復員回到太原，便趕上了「一打三反」運動。

一打究竟打什麼、三反又是反哪三樣，我現在說不來，當時似乎也相當模糊。運動當中套運動，運動密集名目繁多，運動名堂的語意價值就降低。

因為給劉少奇定罪為叛徒、內奸、工賊，「一打三反」運動主要有一項任務是打叛徒、抓叛徒。

一旦搞起運動來，全黨、全國抓叛徒，幾乎每個地方、每個單位都有叛徒。結果，凡是在共產黨打下江山之前做過地下工作的都成為嫌疑，凡是不幸被捕過的都被打成了叛徒。

我父親建國前做過地下工作，他曾經是一個腳行搬運工的工頭，參加地下黨之後，擔任過支部書記、交通站長。為營救被捕同志，個人曾經花過大洋三千多，而且因為受到敵人懷疑而被捕受刑。建國後的三反運動中，被誣陷貪污，開除了黨籍。已然被開除黨籍，被誣陷一回。如今搬運公司要抓叛徒，我父親因為當年被捕過，就又被誣陷一回，在「一打三反」運

動中被打成搬運公司的大叛徒。多次上大會批鬥，被關押在所謂的「學習班」長達半年之久。對我父親而言，兩番受誣陷、一生被迫害，砍頭又槍斃，一樹要剝兩層皮。

毛澤東在那前後發佈一條語錄，說是「辦學習班是個好辦法」。學習班就在全國到處辦了起來。它與關押牛鬼蛇神的「牛棚」沒什麼兩樣，是在司法程序之外，由各單位自己對運動對象實施關押監禁。

本來是一座「班」房，冠之以「學習」二字，聽著好像是什麼學府。

當然，住過學習班的人知道其中厲害。

多年經受運動洗禮的老百姓也都明白，說什麼人進了學習班，聽著與進了監獄、看守所不相上下。

# 73.深挖洞

　　毛澤東喜歡讀明史，對政治鬥爭、權力傾軋、朝堂陰謀情有獨鍾。

　　朱元璋得天下之前，與群雄逐鹿。有謀士進言獻策，要他「高築牆，廣積糧，緩稱王」。

　　毛澤東讀了這一段，鑒於當時的國際大勢，中蘇關係緊張，套用一回三字經，發佈語錄說，我們要「深挖洞，廣積糧，不稱霸」。

　　中蘇關係，在69年的「珍寶島事件」之後極度惡化。兩國軍事力量在邊境發生了小型衝突。中國其實並沒有實力與膽量和蘇聯打仗，渲染珍寶島事件不免有轉移人民視線的用心。

　　當時的宣傳，說蘇聯變成了社會帝國主義，隨時會侵略中國，原子彈、核武器隨時會扔來我們頭上。「深挖洞」就是為了防空、防原子彈。

　　在毛主席的任何一句話都是天才理論、都是金口玉言的時代，老人家一句「深挖洞」，立即搞得全國山搖地動。不僅軍隊要造防空洞，各級政府、各大企業要挖防空洞，一般市民也被強迫命令要挖防空洞。

　　市民居住的大雜院，一律都在當院中間挖坑。挖那麼七八尺見方、七八尺深。這時，土坑底部出水，成一個泥塘，上邊蓋一些席片、塑膠布，就算是挖好了防空洞。可笑的是，居委

會的大娘們還要不時搞防空演習，吹哨子吶喊的，要大家進防空洞。

有一天，我下夜班，正好趕上防空演習，隨著院子裏的大娘、孩子們跳進了當院那個泥坑當中。人人都踩了沒膝的泥湯，頭上遮了一塊塑膠布，捉迷藏玩兒似的。

那樣的一隻鳥坑，哪裏能防空！而大家集體跳進自己挖的泥坑中，相視一笑，覺著像糊弄日本人似的糊弄了居委會。

自己挖坑自己跳，明知不防空都說在防空，毛澤東愚民而人民不得不自愚。那樣的防空洞，怎麼說都像一只陷阱。

整個中華民族，命定地落入歷史設計的一個巨大陷阱之中。

對於這只陷阱，人民大救星毛澤東要大家「深挖洞」，大家盲目地或者無奈地都來「深挖洞」。整個民族一再沉沒、墮落。

──蘇聯共產黨垮臺，社會主義崩潰，國家沒有立即繁榮富強，至少遭到我們的時時揶揄嘲笑。其實，他們幾十年的一黨專制也自行挖了一個陷阱。挖陷阱有多少年，填平那個陷阱大致也得多少年吧。

對於人心、人性的毀壞而言，填平這個意義上的陷阱，也許比挖掘更難。

# 74.臭老九

　　大致在70年代初，知識份子被稱之為臭老九。

　　連毛澤東本人都借用了《智取威虎山》劇中八大金剛之外有個「老九」的概念，在一次中央會議上講，知識份子還是有些用處的，以劇中座山雕的臺詞說幽默話「老九不能走」。

　　所謂老九，位置的排定是這樣的：「地富反壞右」是傳統黑五類，文化大革命新增加的階級敵人有叛徒、特務、走資派，專政對象達到八種。知識份子的社會地位堪堪排在專政對象之後，名列第九，是為老九。

　　這個老九，不是威虎山上的老九。這個老九地位低下，名聲很臭，被革命群眾稱為臭老九。

　　知識份子自己也全然明白本身在社會主義中國的社會地位，歷來只能夾起尾巴做人。有人自我調侃說，知識份子好比臭豆腐，聞著臭、吃著香。革命運動、國家建設，共產黨依靠的是工農大眾，但也某種程度上離不了知識份子。

　　毛澤東說的「老九不能走」，只是說知識份子有些一技之長，可資利用。

　　中國古來讀書人少，知識份子受人尊敬。歷代王朝無論察舉賢能還是開科取士，治理國家要依靠知識份子官僚體制。

　　在民國時代，蔣介石當政的幾十年間，知識份子的社會地位相當高。單從工資收入來看，扛長工的農民一年賺錢大洋

二十四元，平均月工資兩元；一名技工的月工資二三十元；而一名大學教授的月工資達到二三百元。那時的知識份子生活富裕而風度嫻雅，受人尊敬而自視清高，用得著什麼人來喋喋不休地嚷叫「我們要提高知識份子的社會地位」嗎？

恰恰是毛澤東時代，知識份子經濟收入很低，政治地位也很低。自從建國後，歷次政治運動幾乎都是針對知識份子發難的。知識份子被不停地運動、不斷地改造、不停地打擊、不斷地批判。

知識份子們究竟是為什麼會落入這般境地？他們到底是怎樣得罪了毛澤東的？

也許，毛澤東早年曾經當過北大圖書館館員的經歷，是問題之所在。當初，在胡適等大知識份子的眼裏，毛澤東不過是一名普通工作人員。大家無心的漠視開罪了一個未來的帝王。帝王一朝登極，皆睚必報。

中國歷史上，儒生地位最低的莫過元朝帝國。落後的異族統治者將國民人分四等，漢人、南人為下等，各種行業則分為十等，最後幾等是為「八娼九儒十丐」。儒生文化人的地位竟然排在娼妓之後。

毛澤東時代，知識份子的地位是在乞丐之後；後毛澤東時代，知識份子的地位則在公開的或隱蔽的娼妓之後。

# 75. 推薦工農兵上大學

在72年或者73年，學生停課鬧革命已經有五六年，中國的大學教育也完全取消、停頓了五六年。

迫於各方面的壓力，毛澤東到底不能一意孤行，說只學習他的語錄就能替代了學校的所有教育功能。他不得不講：「理工科的大學還是要辦的。」儘管言外之意說文科類、社會科學類的大學不需要辦，依然只要讀他的書就足夠了，但這到底是毛澤東的一點屈服或讓步。社會的需要、老百姓的呼聲，畢竟曲折地反映了出來。

不過，當時並沒有恢復高考，而是採用了推薦工農兵學員上大學的辦法。

推薦什麼人上大學，使人想起隋唐科舉取士之前曾經實行的察孝廉、舉秀才的故事。

> 舉秀才，不知書；
> 舉孝廉，父別居。
> 高第良將怯如雞，
> 寒素清白濁如泥。

魏晉時代的民謠，反映著推薦的弊端與虛偽。

推薦工農兵上大學，首先公然搞階級歧視，而不是「有教

無類」。其次，它必然地落入自己畫出的怪圈：知識份子是不可靠的；那麼可靠的工農兵上大學受教育，不是也會變成知識份子的嗎？

這樣的道理其實也沒處去講。毛澤東的一言堂，講什麼也是金口玉言，整個國家體制各級政府立即行動起來，遵照執行就是了。

當時發生過一個「白卷事件」。

東北遼寧的一位插隊知青張鐵生，被推薦上大學，入學前有一點簡單的基礎考試。這位先生交了白卷。他在考卷上申訴理由說：「因為插隊，沒有機會復習功課；既是推薦，為什麼還要考試呢？」

按說，他的話不無道理。當時卻被毛澤東的夫人江青樹了典型，說張鐵生交白卷是對反動教育路線的堅決鬥爭。政治陰謀家們歷來善於利用機會，以攻擊對手。「白卷事件」結果成為政治鬥爭的一張牌。「白卷先生」呢，也成了政治鬥爭的犧牲品。

林彪被利用過之後，尚且要除之而後快，何況一個小小的張鐵生。那幾乎就等於一塊擦屁股磚，用罷了便扔進茅坑。

# 76.解救知青

　　數百萬知識青年一次性地被驅趕到農村山鄉，接著，歷年的高中、初中畢業生也得上山下鄉。知識青年到農村去，成為解決城市過剩人口與失業青年的唯一途徑。

　　宣傳方面說，知識青年到農村可以改天換地，大有作為，哪裏可能。被合作化、公社化、窮過渡以及學大寨搞得凋敝不堪的農村，幾乎成為一座天下最大的勞改場。

　　宣傳方面還說，知識青年要接受貧下中農的「再教育」。無稽之談。善良的農民或者同情城裏落難的孩子們，絕對的貧困使好心人無法實質幫助知青們。農村幹部一方具體統治者，不免壓迫、欺負城裏來的孩子，實施「再教育」。

　　知識青年苦不堪言。

　　這時有一位福建的教師，大約是姓李，他的孩子下鄉，生活太苦，不能養活自己，還得家裏資助。此人就貿然給毛主席去信，所謂上書。

　　我相信，諸如此類的上書者肯定不少，但能夠直達天聽的不多，能夠讓毛澤東直接回信的簡直就是一樁奇蹟。

　　而奇蹟竟然發生了。

　　毛澤東給這位老師親自回信，表示同情他的處境，同情知青的處境，甚至隨信寄上了五百元，說是「聊解無米之炊」。

　　這封信立即公開發表。從國務院到各級政府部門，立即開

展具體關懷所有知青的工作。每個知青每年可以得到一筆基本的生活補貼，大家的生活於是有最低保障。壓迫知青、姦污女知青的一些惡性案件也得到了處理。

知識青年們、知識青年們的家長們，立即齊聲歡呼毛主席萬歲萬萬歲。

知青上山下鄉本來是毛澤東的一聲令下，毛澤東是上山下鄉運動的始作甬者。這時，再由毛澤東來關心大家，毛澤東就又扮演了一次大救星。對於具體的知青們，大家被生活壓迫到無法喘息的地步，如今稍微喘一口氣，歡呼慶幸，猶如再生。

57年打右派的，是共產黨。共產黨至今還在文件上和各種宣傳上堅持說，打右派是正確的、必須的，只是有所擴大化而已。而解放解救右派的，還是共產黨。被解放解救的右派，不再被視作反革命，多數又得感激共產黨。無恥之尤者如作家劉紹棠之流，甚至肉麻地說：黨打右派是「娘打兒子」。

爹媽一時判斷錯誤，殺了兒子，末了給兒子平反、恢復名譽，證明爹媽知錯便改，依然偉大、光榮而正確。

爹永遠偉大、媽永遠光榮，「爹親娘親，不如毛主席親」。

自己掌握輿論工具，評價自己，自己往往可以被評價為一貫正確。

封建帝王有器量者，尚且能夠自責，比如漢武帝晚年曾經頒佈「罪己詔」。

毛澤東不具備那樣的器量。

具體執掌天下而又抽象化存在的共產黨，更不具備那樣的器量。

# 77.解放幹部三結合

　　林彪垮臺前，中共軍隊的十大元帥裏，彭德懷與賀龍已經被迫害致死。當然有具體實施迫害的人，如同迫害劉少奇致死，並不一定是毛澤東親自去迫害的。

　　林彪垮臺之後，陳毅元帥病逝。

　　作為雖然不曾被打倒卻被列為右派老幹部的陳毅，死後追悼會的規格不會很高。但毛澤東突然決定親自去參加追悼會。

　　毛澤東在文革中，甚至說過「陳毅反了我四十年」的話。陳毅事實上已經被打倒，只是不曾迫害致死而已。許多人沒有料到毛會參加陳毅的追悼會。

　　但在林彪事件之後，大大丟分、失去人心的毛澤東，需要籠絡人心。

　　他突然決定參加追悼會。突然的程度，甚至來不及脫去睡衣。

　　陳毅追悼會因而出現了會場很小、參加人數不多而毛澤東親自出現的不協調情況。

　　儘管如此，以此為契機，填充林彪勢力垮臺之後的權力真空，解放了一大批老幹部。

　　與解放老幹部同時，出現了實行領導班子「三結合」的說法。

　　三結合，好像一個魔術箱。一開始，是軍代表、革命群眾與革命幹部來三結合。後來，就變成了所謂老中青三結合。

　　黨的九大，有黨棍張春橋、文痞姚文元、造反派頭目王洪文以及毛澤東夫人江青等進入政治局。——這幾位在毛澤東去世後立刻被打倒，是為臭名昭著的「四人幫」。

　　國家的四屆人大組成的政府，則有農民陳永貴、女工吳桂賢等被任命為副總理。讓沒有任何從政經驗的工人、農民進入國家領導人的行列，除了標榜點綴之外，沒有任何意義。——陳永貴當了副總理，全國到處推廣大寨經驗，毀林、毀草，開墾大寨田，對生態的極大破壞，至今貽害無窮。

# 78.批林批孔

　　林彪垮臺之後，照例要批判林彪反黨集團的罪行之類。

　　而在一些政治家被打倒之後，整理其罪狀、搜羅其罪證，極為方便。

　　一開始，叫做批判「林陳反黨集團」。林是林彪，這兒的陳指陳伯達。陳伯達曾經當過毛澤東的祕書，被稱為我黨最好的理論家。一朝失寵，頓時成為階下囚。權力傾軋，骯髒殘酷。

　　緊接著，運動突然改換名堂，叫做「批林批孔」。

　　批孔，表面上是批孔子。經過文革洗禮的老百姓都知道這不過是一個幌子，背後必有陰謀。任何瞞天過海、遮人耳目的花招已經無法蒙蔽最普通的老百姓，簡直是一張口就讓人看清了五臟六腑。

　　執掌宣傳理論大權的江青等人，還怕大家不明白，將他們的口號更進一步嚷明瞭，叫做「批林批孔批周公」。

　　司馬昭之心，於是路人皆知。

　　他們要向周恩來發難。

　　作為黨內的實力派人物，周恩來自建國後出任國務院總理。作為在權力鬥爭中久經考驗的人物，周恩來始終甘居臣僚地位，而且一向居於權力中心的第三位置，與最高權力保持適當的緩衝空間。

　　建國初期，共產黨首先清除了所謂「高崗、饒漱石反黨集

團」。從派系來看，那是紅軍長征前的南方中央對陝北集團發難。周恩來自然參與發難。

後來在打倒彭德懷的廬山會議上，周恩來也是舉手同意搞掉彭德懷的。懾於毛澤東的威勢，幾乎所有高級幹部都屈服於威勢而沒有什麼人堅持真理，包括劉少奇、鄧小平。從周恩來的角度，毛澤東要幹掉自己湖南幫的彭大將軍，關我何事。

文化大革命開始，毛澤東的目標是打倒劉少奇，周恩來沒有客觀上的實力也沒有任何主觀上的努力與毛澤東對抗。或者說，你要打倒你自己確定的接班人，要幹掉又一個湖南幫成員，隨便。

至於打倒劉少奇之後，毛澤東幹掉林彪，周恩來更是何樂而不為。

但在黨內的第二號人物連續被打倒的時候，毛澤東來不及迅速培養接班人的情況下，周恩來與最高權力之間終於失去了緩衝的中間開闊地帶。兩個大人物的權力衝突已經不可避免。

「批林批孔」究竟要幹什麼，周恩來清楚，毛澤東也清楚。

毛澤東如果不是親自領導了「批林批孔」運動，至少是縱容、贊同了這一運動的。

# 79. 評《水滸》

「批林批孔」運動矛頭所向,是要打倒周恩來。

但周恩來始終緊跟毛澤東,對毛澤東百依百順,不給對手以任何口實。

毛澤東到底不曾公然表態,說要打倒周恩來。

這樣,江青等人操作的具體實施打倒周恩來的運動,就雷聲大而雨點小,始終不見什麼實質效果。

批林,生硬地拉扯上批孔。批孔,再把孔子定性為儒家,侮辱成什麼「孔老二」,批孔再轉換成批儒。要批歷史上的儒家,還得贊同歷史上的法家,運動搞成了評法反儒,將中國一部歷史簡單分解為是儒法兩家的鬥爭史,給歷史人物隨便定性。讚頌法家而貶斥儒家,以借古諷今。一會兒批判《三字經》,一會兒詆毀《百家姓》。經典與歷史變成了他們手中的玩物,愈表演就愈顯出了跳樑小丑的面目。

以「批林批孔」將鬥爭矛頭指向周恩來,久戰不下的時候,毛澤東發表了關於評價《水滸》的語錄。全國立即掀起一個評《水滸》的運動熱潮。至少,評《水滸》從側面支持了「批林批孔」運動。

對《水滸》的評價,毛澤東的看法並沒有超越魯迅曾有的看法。宋江一受招安,就「替天行道」,替天子去打別的強

盜去了。所謂「要當官，殺人放火受招安」，造反而不能得天下，就變成當官得好處的有限手段。

但毛澤東對宋江特別有所具體評價：改聚義廳為忠義堂，擯晁蓋於一百零八人之外。這才是毛澤東評《水滸》的關鍵所在。

借助評《水滸》，江青等人又開始批宋江、批投降派。拉大旗做虎皮，五鬼分屍胡鬧臺。

且不論評《水滸》運動搞到什麼程度，毛澤東對宋江的評價卻透露出他的晚年典型心態。

他已經感覺自己老了，在世間時日無多，開始考慮他的身後之事。

他恐懼著自己死後的歷史地位、歷史評價，生怕被無視，更怕被排除，尤其恐懼被釘上歷史的恥辱柱。

在一個場合，毛老爺子說，他一生做了兩件事。一件，把蔣介石趕到臺灣去；一件，搞了一場文化大革命。

歷史是無情的。一些偉人可以書寫歷史，但無法決定後人如何評價歷史。

防民之口甚於防川，人民不會永遠受愚昧。

恐懼歷史審判甚於恐懼地獄，歷史審判永遠無可逃遁。

# 80.批判「唯生產力論」
## 與社會主義的草

毛澤東贊同「抓革命，促生產」的口號。

在特定的歷史條件下，這一口號的成立，既有客觀需求的必然，也有具體負責生產領導者的呼籲。比如，周恩來一直負責國務院的工作，在擁護革命的前提下，要為國民生產爭取一席合法地位。

誰都無法否認，在極其困難的條件下，主持國務院工作的周恩來，盡可能地維持了國民生產，防止了國民經濟的崩潰。

但毛澤東的理論家們、親信親隨們，曾經不斷地、有恃無恐地批判所謂「唯生產力論」。

這是一種淺薄的理論，屬於極左思潮。與毛澤東的窮過渡理論一脈相傳，即經濟可以很落後，而人們的思想可以搞得很紅。推到極端，那是梭標大刀可以戰勝火器洋槍的義和團迷信。而在具體的文革權力鬥爭中，這種理論成為毛澤東的理論家們足以置對手於死地的一根大棒。

在上層，黨中央抓革命而國務院促生產，永遠正確的黨可以永遠批判不得不負責國民經濟的國務院。

具體到每一個地方，所有的企業單位，則有造反派、革

命派來批判生產負責人。不幹生產，是抵制「抓革命，促生產」，幹生產，便是「唯生產力論」。

戳穿了講，這些人不過是要打倒另一些人，奪權權力。

在中國高層而言，則是有人要打倒周恩來，奪取國務院的權力。

批判「唯生產力論」，與「批林批孔」是同一目標的政治陰謀。

這種理論推導到極致，竟然說「寧要社會主義的草，不要資本主義的苗」。

聽到廣播或者聽到幹部傳達的農民，有他們最樸素的理解。地裏盡長草，人們吃什麼？叫咱們吃草，那咱們不都成了牲口啦？毛主席在金鑾殿裏也許就是吃草哩，要不然怎麼不說人話？

# 81.鄧小平復出

在文革初期，鄧小平是作為僅次於劉少奇的黨內第二號走資派被打倒的。

關於鄧小平被打倒的罪行，似乎只是緊跟劉少奇。在毛澤東退居二線、由劉少奇主持工作的情況下，必然有人在劉少奇的領導下開展工作。以此作為罪行，沒有多少說服力。反正毛澤東看著誰不順眼，就可以打倒誰，欲加之罪，何患無詞。

奇蹟在於，作為第二號走資派，鄧小平竟然不曾被迫害致死。

更大的奇蹟在於，在林彪集團垮臺之後，填充這一權力空白以制衡周恩來勢力，毛澤東突然決定起用鄧小平。

後來的官方解釋，是毛澤東看穿了某些人、江青之輩的奪權野心，所以將大權交給鄧小平。這樣的解釋相當幼稚可笑。

而無論是毛澤東的突發奇想也罷，是權力魔方自行運作的結果也罷，歷史將鄧小平推到了表演的舞臺中心。

這是歷史對苦難的中國人民的一點饋贈。

當時，甚至向全黨、全軍、全國人民公佈了鄧小平給毛澤東的一封信。鄧小平向毛澤東表態，只想能夠重新出來工作，對於個人所受的批判打擊，「永不翻案」。

「永不翻案」的表態使毛澤東龍顏大悅。

從任何意義上說，周恩來對毛澤東的這項決策更是無有不從。

鄧小平終於復出。

鄧小平當時被任命為國務院第一副總理、中央軍委副主席、中國人民解放軍總參謀長。

當時,周恩來已經身患癌症,毛澤東也是風中殘燭。中共最高權力的交接、過渡勢在必行。

鄧小平復出,當即大刀闊斧地整頓經濟秩序,狠抓國民生產,防止了國家經濟的崩潰。

更重要的是,這一切為「後毛澤東時代」鄧小平掌握國家最高權力,鋪平了道路、做好了準備。

毛澤東時代的喪鐘即將敲響。

正是毛澤東,自己給自己選定了一個合適的掘墓人。

文革在形式上還沒有結束,但結束文革、開創另一個時代的條件已經具備。

# 82.蒙古獨立

　　第二次世界大戰結束前，打敗德國法西斯之後，蘇聯出兵東北，消滅了號稱百萬的日本關東軍。這一歷史事實對中國造成的直接後果，是蘇聯控制了中國的東北鐵路與旅順軍港。

　　建國後，中蘇高層多次談判。毛澤東親自與史達林進行了談判，達成的條款之一是，中國收回自己的鐵路與港口，相應條件則是承認外蒙獨立。

　　外蒙原本在大清帝國的版圖之內，依照我們一向喜歡運用的中華民族融合論來講，那片地方自古以來就是中國領土。1924年，在俄國十月革命影響之下，趁中國軍閥混戰、國力衰弱之際，外蒙宣告獨立，成立了蒙古人民共和國。對蒙古民族而言，爭取民族獨立，天經地義，而中國政府無力控制事態，這也無可如何。

　　但中國歷屆政府，包括國民黨政府，從來都不承認蒙古獨立。至今，在國民黨政權印製的中國地圖上仍然包含外蒙。便是毛澤東，在建國前也宣稱，外蒙是中國的固有領土。他說，當他奪取政權建國之後，將著手處理這一問題。然而，堪堪是在建國不久，他就屈服於史達林的威勢，承認了蒙古的獨立。

　　從中國的角度說，等於割劃了大片領土，才收回了東北鐵路與軍港。這是用自己的東西來贖買原本屬於自己的另一些

東西。在外交的意義上講，毛澤東主持的這一談判，是一大失策、一大失誤、一大失敗。

中蘇談判之後，毛澤東在國務會議上自我標榜說：收回中國的鐵路軍港，是從「老虎嘴裏拔牙」，是了不起的勝利。作為中央對地方各級的解釋則說，外蒙地方雖然廣大，一片荒涼，沒有什麼價值，割劃出去，毫不可惜。那正是毛澤東的外交手段的靈活之處云云。

如果說，一旦國家受到侵略威脅，便要老百姓當兵打仗，保衛國土，匹夫有責；那麼，隨便割劃一大片領土出去，老百姓同樣有權過問。

歷史終將對毛澤東的這一外交決策做出公正的評判。

地方荒涼，割劃便不可惜，這是什麼理論？將國土視作私產，隨意饋贈他人，即便是積貧積弱的滿清王朝也不曾如此敗家子。

# 83.抗美援朝

　　當蘇軍出兵中國東北的時候，美軍一邊佔領日本國本土，一邊登上朝鮮半島。結果，美軍與蘇軍在三八線會師。

　　第二次世界大戰反法西斯的勝利，在歐洲造成了德國的長期分裂，在亞洲則造成了朝鮮的分裂。

　　分裂的朝鮮，五十年代初，爆發了朝鮮戰爭。

　　我們的說法，歷來都是講「美帝國主義悍然發動了侵朝戰爭」。事實上，首先是北朝鮮的金日成要解放南朝鮮，他的軍隊率先越過了三八線，侵入了南朝鮮。

　　為著維持區域和平，聯合國軍出兵朝鮮，儘管是以美國為首。

　　結果，狂妄的金日成立即大敗。美軍勢不可擋，將北朝鮮軍隊趕回三八線以北，並且一路追殺，即將殺到中朝邊界的鴨綠江邊。

　　鑒於美國曾經大力支持蔣介石的歷史，面對聯合國軍殺到中國邊界的嚴峻形勢，毛澤東決定出兵抗美援朝。

　　中國出兵抗美援朝的代價是極其慘烈巨大的。在剛剛經過三年解放戰爭，中國大地上打仗打到血流成河之後，中國人民又在朝鮮土地上犧牲了成百萬的子弟兒郎。出兵朝鮮，與聯合國軍對抗，又給美國造成了遏制新中國的口實。美國於是悍然

派出太平洋艦隊，登陸臺灣，封鎖臺灣海峽。臺灣問題因而至今成為問題。中美關係極端惡化。

如果中國不進行抗美援朝，歷史也許會是另一個樣子。

付出巨大的經濟代價與生命代價之後，中美雙方在三八線達成停火協定。朝鮮依然維持南北分裂的局面。

我們聲稱的支援朝鮮人民，不過是支持了金日成政權對朝鮮北方的繼續統治。北朝鮮是個什麼狀況，世人有目共睹。北朝鮮人民的生活，真正可以用得上「水深火熱」來形容毫不為過。

而中國人民付出慘烈代價扶持的北朝鮮政權，除了實用主義地一再需要中國的無私援助，實在不是一個講究道義的政權。稍有不滿，就對中國翻臉。甚至反噬過來，兇惡無比。

老百姓都明白，我們是餵狗餵成了狼。

如此局面、如此情況的出現，有北朝鮮政權的本質方面的原因，也不能不認為有中國重大外交決策造成重大失誤的原因。

歷史也將對此做出最終的評判。

# 84.抗美援越

　　與抗美援朝如出一轍，中國多年裏還曾經付出巨大的民族犧牲抗美援越。

　　胡志明領導的北越從法國殖民主義統治下獲得獨立，歸功於著名的奠邊府大捷。而奠邊府大捷是中國人民解放軍直接參戰的結果。

　　越南民主共和國成立之後，為了國家之間的友誼，中國將兩國邊界上的鎮南關改名為睦南關，後來更改名為友誼關。如同將中朝邊界上的安東改名為丹東。

　　不僅如此，鑒於歷史上大中華帝國的以大欺小，中越邊境線的劃定具有某種不平等性，新中國在邊境線重新劃定方面做出了讓步。比如，邊境線依照慣例應該劃在河道中心線，或者山脈分水嶺的山脊線。而中越邊境線卻有相當段落劃在山脊之下的越南一側，甚至劃在山腳，大清帝國居高臨下，隨時威脅對方的樣子。出於友誼，中越邊境線向中國方面內移了若干公里。——後來，越南狂妄地與中國開戰，當時有數萬難民逃到中國。這部分難民，其實就是邊界重新劃定時，劃給越南的中國領土上的中國人。

　　中國扶持北越的同時，美國則扶持著南越。這兒，有一條十七度線將越南分裂開來。在中國與蘇聯的支持幫助下，北越發動了統一祖國的戰爭。美國當然不能答應，出兵支持南越。

這兒就發生了所謂的印度支那戰爭。中國給越南大量軍事援助，包括派兵參戰，叫做抗美援越。

印度支那戰爭，最後以南越崩潰、北越勝利而告結束，越南完成統一。

南越的失敗、美國的失敗，相當的原因是美國人民的反對。美國充當國際憲兵，在越南那個地方花納稅人的許多錢、犧牲許多子弟，遭到人民的抵制，最終這種抵制變成了國會對總統的約束，變成了對美國具體政策的干預。

美國在具體的戰爭中失敗了，但民主制度取得了勝利。人民反對戰爭、渴望和平的願望獲得了勝利。

而中國人民勒緊褲帶對越南實行經濟援助與軍事援助，從來不曾徵求過人民的意見。抗美援越，犧牲了許多中華兒女，人民包括犧牲者的父母親屬，從來對此沒有任何發言權。

到越南統一，狂妄地向中國挑釁的時候，中國不得不與越南開戰，叫做什麼「自衛反擊」。這時，打仗的經濟損失還得人民負擔，流血犧牲的還是人民的子弟。

「抗美援越」與「自衛反擊」，都是一些偉大的口號。在這些偉大的口號之下，中國人民付出了極其慘重的代價。而人民無權審議甚至無權過問這些口號。偉大口號成為政治家、統治者、領導人得以一意孤行的法寶。

如果越南像一頭惡狼撲將上來，我們當然要打狼。問題是，究竟是誰餵狗餵成了狼？當局的外交方略究竟出了什麼問題？

人民付出的流血犧牲，究竟能為我們民族贏得什麼？

首先，我在這裏強烈表現的是一點批評的權利，是議論與說話的權利。

# 85. 中日邦交正常化

　　美國尼克森當總統的時代，中美之間有所謂「乒乓外交」事件。以兩國乒乓球隊之間互有往來為契機，兩國緊張對峙關係有所鬆動。

　　當然，這與整個國際大勢有關。美蘇兩大超級帝國的對立、中蘇關係交惡、美國需要中國在東方牽制蘇聯的戰略意圖，為中美建交準備了客觀條件。

　　當中美關係鬆動，日本田中內閣捷足先登，率先與中國建交。中日兩國邦交走上正常化。

　　基於日本侵略中國的歷史，中日兩國邦交正常化有一個無法忽略的前提，那就是日本國必須承認侵略歷史、向中國人民謝罪並且進行戰爭賠償。

　　無論雅爾達協議還是波茨坦公告，都有戰爭賠償的條款。

　　中國作為戰勝國、作為被侵略的受害國，有權獲得戰爭賠償。自鴉片戰爭以來，飽受侵略欺壓的中國，只有割地賠款的恥辱歷史。唯有抗日戰爭，是一個多世紀以來中華民族的首次偉大勝利，是可以理直氣壯向侵略者索取戰爭賠款的首次揚眉吐氣。

　　中日邦交正常化之先，日本政府主動考慮並且主動提出向中國賠償。

　　然而，一言九鼎的毛澤東一意孤行，竟然放棄了索取戰爭

賠款的權利。他公然對日本方面說，要「感謝」日本對中國的侵略，正是日本的侵華戰爭牽制了國民黨而客觀上救助了共產黨。出於這種感謝，所以不要日本賠款。

戰爭賠款的計定，是中國人民在戰爭中受到了巨大的物資損失，特別是有數千萬生命的損失。這損失，人民有權要求賠償，而任何人都無權放棄。毛澤東，人民的大救星，出於對日本侵略真誠感激的一己私心，極其隨意地就放棄、拋棄了人民本應獲得的索賠權利。

這叫開門揖盜呢，抑或是認賊作父？而日本這個曾經的盜賊，並不因中國放棄索賠有絲毫感激。它只會為如此的愚蠢而竊喜，為如此的「大度」變本加利地拒不認罪。

直至今天，日本軍國主義猖獗，拒不認罪，蔑視中國、侮辱中國僑民、傷害中國人民感情的事件時有發生。不承認侵略中國，甚至找到一種解釋：日本如果侵略了中國，中國為什麼不要求戰爭賠償？

中國民間有人發起向日本索賠的活動。由於政府公開允諾不索賠，民間索賠坎坷重重。

慰安婦們恥辱難雪。

被日本侵略者殺害的無辜平民難以瞑目。

中華浴血抗日的無數先烈志士英魂難安。

毛澤東在天安門廣場的紀念堂裏就睡得那麼安穩嗎？

# 86.節制生育

　　即便在封建時代，皇帝權力至高無上，皇權會受到形而上的天道人倫的約束，會受到整個官僚體系的制約。任何雄才大略的英主，也懂得納諫的重要。

　　全面打擊、迫害所有知識份子，聽不得任何不同意見，獨斷專行、狂妄自大達於巔峰者，莫過於毛澤東。

　　本世紀興起了一門嶄新學科──社會學。研究人類社會面對的人口、環境、犯罪等問題，旨在尋求解決上述問題的辦法。研究人口問題、主張節制生育的人口學，是社會學的一大分支。

　　首先，認為社會主義國家不存在社會問題，中國取消了社會學這門學科。

　　接著，著名學者中國北大校長馬寅初先生提出節制人口的科學理論，遭到了粗暴的圍攻批判。

　　中國人口數量巨大而質量低下，人口繁殖速度又過快，節制生育勢在必行。五十年代中期，馬寅初先生能夠及時提出這一建議，足見其遠見卓識。

　　如果能夠謙虛接受這種意見或建議，實在是中國的幸事。而毛澤東個人認為，人口多是大大的好事，曾親自著文說：「人多議論多，熱氣高，幹勁大。」那麼，一時不採納馬先生的建議，誰也沒有辦法。

當時，卻將馬先生打成反動學術權威，將節制生育理論打成反動人口論。圍攻批判，以勢壓人，硬要馬先生認錯。其粗暴愚蠢，不亞於黑暗的中世紀迫害伽利略、火燒布魯諾。

人口問題卻果然是一個無法迴避的問題。中國的人口壓力日漸突出，節制生育終於不得不提上議事日程。

當在文革中提出節制生育基本國策時，距批判馬寅初先生已過去了將近二十年。中國從當初的「六億神州」膨脹到十億人口。

而當意識到不得不節制生育的時候，強迫性的、強制性的生育政策又給中國人民帶來了巨大的痛苦與犧牲。

——強迫放環。民兵衝入民居，強行扒掉婦女的褲子，由醫生強行放置節育環。婦女逃跑躲避，猶如跑反躲日本鬼子。有的地方，由於民風放蕩，婚前懷孕爾後再出嫁的情況多有發生，竟然出現給大閨女們強迫放環的事件。由於事情發展到給插隊的未婚女知青也放環的程度，這樣的荒唐作法才得以受到批評。

——強迫流產。不曾放環或者避孕失敗，則要強迫流產。有的胎兒已經八個月，甚至足月產出，被切割而死、淹溺而死、拋棄凍餓而死。強迫流產造成孕婦死亡的例子也有。

如果盡早實行節制生育政策，也許可以採取一種較為平和的政策。批判馬寅初在前，強迫命令式的節制生育必然在後。

知識份子科學家受到批判打擊迫害，人民則不得不承擔錯誤決策帶來的後果。

# 87.火葬

俗話講：「除死無大事。」個體生命無不都要面臨死亡，喪葬成為人生一大問題，是一種習俗，是一種文化。

婦女裹腳如果是一種陋習，革除陋習便是社會的進步。

中國是一個農耕文明古國，絕大多數地區人民習慣土葬。生於黃土、歸於黃土，成為深入人心的一種文化。

如果極盡奢靡、攀比厚葬是一種陋習，單純土葬並不能簡單說是陋習。

建國以來，毛澤東提倡火葬。眼下，至少是城市裏的死亡者必須實行火葬。

城市裏建造了許多火葬場。一開始，是用柴油焚燒屍體；後來進步、革新為用電力焚燒。燒一具屍體耗費能源不少，而且污染空氣。最是人們在情感上文化心理方面，不好接受。

至於什麼級別的幹部用什麼級別的火葬爐來焚燒屍體，存放骨灰的盒子也要分等級，那是等級制度的氾濫蔓延。

土葬要佔土地，搞深埋行不行？屍體腐爛，肥沃了大地，有何不可？

中國人究竟是該土葬還是火葬，可不可以研討？牽扯到大多數人的切身問題，大多數人有沒有權利表述觀點？

在鄉間，在一些縣份，根本沒有火葬設施，只是那裏的領導人要爭功買好，也要搞火葬。比如我們家鄉，就曾經強迫

「五類份子」火葬。火葬了，才能摘去階級敵人的帽子。具體的火葬辦法，則是搞幾千斤木料來焚燒屍體。屍體被燒得一會兒站起，一會兒躺下，情狀極其可怖。

在所謂移風易俗的口號之下，我們縣還搞過土葬不許人們用棺材的運動。

支書帶領民兵，挨家挨戶搜查。誰家老人準備了棺材，當場搗毀砸爛。如果有哪家人膽敢偷偷用棺材掩埋了屍體，民兵們就要掘墓揚屍。棺材從墓葬裏拖出來，搗毀砸爛，並且當場焚燒掉。據說，這樣就叫破除了陋習。

老百姓的祖墳，建國以來已經被平滅了好幾次。要移風易俗了，就將祖墳平掉，種了莊稼。政策一時鬆動了，大家再將墳包堆起來。

毛澤東的屍體卻沒有火化。建立了紀念堂，老人家的屍體安放在天安門廣場，要人民來瞻仰。

好比國家硬性規定不許老百姓春節燃放鞭炮，政府卻可以燃放煙火。

老百姓岳父、女婿打兩圈麻將就叫賭博，被公安幹警抓了賭，參與賭博者及旁觀者都要罰款。每人三千、兩千不等。不繳罰款，拘留！國家卻又開股市、發彩票、搞賭馬。

# 88.革命樣板戲

文化大革命從1966年發動，到1976年結束，整整十年。

十年文化大革命，除了革人民的命、革知識份子的命、革廣大幹部的命，破壞文化、摧殘文化也極其劇烈，堪稱是一場專革「文化」之命的「革命」。

首當其衝的文藝界，作家、藝術家幾乎都被打成了牛鬼蛇神、反動文人，作家們的作品通通受批判、被封殺。

古典小說、外國翻譯小說、中國作家創作的現當代小說，一律不得出版。全中國只剩下一個作家──浩然。只剩下浩然的長篇小說《豔陽天》與《金光大道》可以出版，供人閱讀。

幾乎所有的電影也被封殺。江青，號稱文化大革命的旗手，曾經親自將每一部電影評價一回，不是反動就是色情，通通不合革命標準。結果，只剩下那麼兩三部電影，《地雷戰》、《地道戰》和《南征北戰》。

電影院裏只好放映一些新聞紀錄片。那時，周恩來還免不了接見外賓，而受接見最多的是流亡的西哈努克。連周恩來都說，中國電影只剩下兩個演員。

戲劇，作為封建糟粕，為帝王將相樹碑立傳，任何劇種的所有劇目更遭到全部封殺。

江青親自領導戲劇改革，搞出了八個革命樣板戲。於是十年間，十億中國人民只好不斷地、反覆地欣賞這八齣戲。

樣板戲之所以稱為樣板，塑造英雄人物要達到高、大、全，而且要堅持所謂的「三突出」原則。所有人物當中要突出正面人物，正面人物中要突出英雄人物，英雄人物中要突出主要英雄人物。從戲劇情節設計到唱腔設計，從舞臺站位到燈光分配，都要服從這一原則。

　　在如此僵化的原則之下，主題先行、概念化、臉譜化的創作弊病不可避免，藝術的豐富性、複雜性、娛樂性、趣味性被掃蕩盡淨。

　　文化大革命終於將中國文化革了命，泱泱文化大國變成一片文化沙漠。

　　——時至今日，小說作品《豔陽天》重新出版，八個樣板戲重排大唱，使人確實感到文化大革命陰魂不散。假如毛澤東用複製技術再生，或者有特異功能大師給毛澤東招魂，老人家還要發動文化大革命，我看照樣能夠順利發動起來。

# 89.反擊右傾翻案風

　　文革後期，鄧小平復出，主持軍隊與政府的日常工作。

　　鄧小平作為文革開初被打倒的中國第二號最大的走資派，得以復出工作，完全在於毛澤東的決策。當然，鄧小平也向毛澤東寫信表態，表示「永不翻案」。

　　鄧小平被打倒、受批判，包括被下放到工廠當工人，這樣的經歷有助於他瞭解中國的底層情況、有助於他審視當時的中國狀況。鄧小平復出後，著手整頓軍隊，並且大刀闊斧地整頓交通、狠抓生產。手段雷厲風行，效果十分顯著。

　　鄧小平的威信大增、權力大增。

　　而當時周恩來病重，基本住在醫院裏，毛澤東也迅速衰老，出現行動不便和語言障礙。老百姓都看出，新中國的第一代領導人退出歷史舞臺的時刻即將到來，權力交接勢在必行。

　　處於權力結構中心的政治家們，比老百姓看得更為清楚，自然也更為關注權力的交接。爭奪最高權力的鬥爭，波詭雲譎，異常激烈。

　　這時，掌握輿論宣傳大權的江青等人，掀起了一個「反擊右傾翻案風」的運動。

　　江青作為毛澤東夫人，早有當中國第二個女皇武則天的野心。毛澤東將自己的老婆先是放到中央文革領導小組副組長的

位置，後來還讓江青進入了中央政治局，這種毫無遮掩的任人唯親，極大地助長了江青的野心膨脹。

江青與黨棍張春橋、文痞姚文元以及上海工人造反派的頭目王洪文，作為文革運動的新貴結成了所謂「四人幫」。這四位都在政治局，控制了輿論宣傳大權。「反擊右傾翻案風」是他們針對鄧小平的一個口號。其實是欲加之罪，何患無詞。什麼叫右傾，如何是翻案，老百姓早已不再相信這一套。

但江青等人的發難竟然奏效，復出時間不長的鄧小平竟然就被打倒。

所謂打倒，也就是被撤職奪權，當然還得毛澤東點頭。而剛剛起用鄧小平的毛澤東，竟然也就贊同打倒鄧小平。

在毛澤東最後的日子裏，他的多疑昏聵、出爾反爾已經到了極其顯著的程度。他接見外賓時的情況，已然是語無倫次、口涎橫流。如果說，他這時還不是完全癡呆，至少已是半癡半呆。

與其說人們擔心偉人死亡，莫如說大家都在等待那一時刻的到來。

# 90.將文化大革命進行到底

　　鄧小平被再次打倒後，毛澤東最後將華國鋒提撥到主持中央工作的位置上。

　　在此之前，華國鋒曾經是湖南省委書記，在毛澤東的家鄉工作，給毛澤東留有相當印象。毛澤東甚至針對華國鋒講過「你辦事，我放心」的話。

　　但毛澤東當年也曾講過「三天不學習，趕不上劉少奇」，他需要打倒劉少奇的時候，劉少奇就一舉變成最大的走資派，叛徒、內奸與工賊。如果不是毛澤東不久後病逝，華國鋒是否能夠平安地留在那個位置上，難以估計。

　　文化大革命運動遲遲不得結束，國民經濟瀕臨崩潰。

　　報紙上則依然在叫囂：「將文化大革命進行到底。」

　　四屆人大，周恩來抱病做了工作報告，第一次提出中國實現「四個現代化」的口號。毛澤東出席了這次人大會議，並且為「四個現代化」口號的提出鼓掌。而在文革繼續進行的狀況下，四化口號確實也只成為一句空洞的口號。

　　關於將文化大革命進行到底，哪裏是「底」，毛澤東親自做過解釋。

　　毛澤東發動文化大革命，被他的御用輿論工具闡釋成為不斷革命、繼續革命。毛澤東自己說，文化大革命這樣的運動要「每隔七八年來一次」。

如此說來，文化大革命竟然是沒有「底」。一次搞那麼七八年，隔七八年再來那麼一次。一直搞下去，搞到共產主義人類大同。按老人家的這番設計，中國人民將永無出頭之日。

　　無權的人民，被嚴密統治、殘酷壓迫的人民，苦難遙遙無期。大家無法改變這種無權的狀況，無法逃脫苦難，大家只有等待，苦熬苦盼。

　　大家盼望毛澤東死亡後的時代，盼望那個未來的時代裏能出現一個好皇帝。

　　在鄧小平被二次打倒後，大家的心理依託幾乎完全轉移到周恩來身上。

　　全黨、全軍和全國人民都在關注著周恩來的身體狀況，希望他能夠堅持到毛澤東去世之後。

　　甚至香港股市賭博的要點也集中在這個關鍵上。周恩來身體好轉，股市飆升；否則，股市直線跌落。

# 91.周恩來逝世

早在延安時代，毛澤東就說過：「周恩來是宰相、總理式的人才。」

建國後，周恩來出任國務院總理，直到病逝。

作為與毛澤東同一時代、同一政黨的政治家，周恩來參與了共產黨的締造軍隊的締造。他在黨內、軍內的勢力與威望都是相當可觀的，成為與毛澤東合作或曰對抗的最有力對手。

歷次運動特別是文化大革命，周恩來都不可能是運動的發起人，而只是一個參與者、擁護者。而且，周恩來在可能的情況下，盡量保護了相當多的幹部。一時間，客觀上就造成毛澤東整人而周恩來救人的現象。

毛澤東晚年權力達於巔峰，肆無忌憚地濫用權力，更加襯托出周恩來的謹慎平和、盡職勤政。

但極其繁重的工作負擔、與毛澤東極其艱苦的周旋，損害了周恩來的健康。他終於住院，一病不起。

鄧小平二次被打倒，是在「反擊右傾翻案風」猖獗的75年底。全國人民的心情極其晦暗。

到76年初，新年元旦，各大報紙公開發表了毛澤東的兩首詞。一首〈念奴嬌〉，一首〈水調歌頭〉。

中央人民廣播電臺的大牌播音員，用標準話在那裏裝腔作勢地朗誦，與冬日嚴寒極不協調。後一首詞裏又有什麼「到處

鶯歌燕舞，更有潺潺流水」之類的句子，與全國人民極其晦暗的心情十分衝突。

而且，廣播喇叭裏還反覆播放一支歌頌「文化大革命就是好」的歌子，那歌子氣急敗壞地連聲嚷叫，如同瘋狗狂吠。「就是好來就是好！就是好來就是好！」

1月8日，喇叭裏突然報導，周恩來逝世。

作為大家盼望的救星，突然隕落；作為人們心理依憑的山嶺，突然崩塌。

廣大幹部、廣大知識份子、廣大人民群眾，一時陷入巨大的失落、無望、淒苦、悲哀之中。許多人痛哭失聲，有的因悲痛絕望而暈厥。

作為國家領導人，周恩來的追悼會並不如人們希望的那樣隆重。

當靈車從醫院開赴八寶山火化的時候，北京的市民在十里長安街自動為周恩來送行。

聯合國破格為周恩來降半旗。這是為非國家元首的政治家致以元首禮節的第一例。

葉劍英元帥曾經關照工作人員，要時刻嚴密注意周恩來最後的情況，在生命的最後關頭，也許周恩來會對國家大事有所遺言。

然而，周恩來什麼都沒有講。直到死，他都是極其謹慎的。

後來，民間有人偽造了一份《總理遺囑》。對國家大事、對政治局的成員都有說法。竟然像模像樣，一時不脛而走。

# 92.「四五運動」

周恩來逝世後，華國鋒接任國家總理。

在老百姓的直觀印象中或者猜測感覺裏，華國鋒不足以與氣勢洶洶的「四人幫」相抗衡。

事實上，周恩來逝世，鄧小平也被打倒，毛澤東昏瞶癡呆，「四人幫」奪取最高權力已經沒有多少障礙。他們於是更加猖獗、更加肆無忌憚。

「反擊右傾翻案風」的運動繼續進行，許多省份發生了揪鬥領導幹部的事件。在所謂解放幹部時出來重新工作的人，如鄧小平一般被再次打倒。

批判「唯生產力論搞」得到處停工停產。

《文化大革命就是好》的歌子更加瘋狗狂吠。

這樣的形勢之下，國人迎來了傳統的清明節。76年清明，在4月5日。

先是北京的大學生與市民，自覺到天安門廣場烈士紀念碑前悼念周恩來。後來，廣大工人也參加了悼念活動。人們敬獻花圈、撰寫輓聯詩詞。花圈堆積如山，天安門廣場成了花圈的海洋。有人朗誦詩詞，朗誦者與聆聽者聲淚俱下。

自覺的悼念活動，立即蔓延到全國各大城市。

有人清除大家張貼的詩詞，第二天人們會張貼更多的詩

詞。有人在夜間拿走花圈銷毀，工人們乾脆鑄造了巨大的金屬花圈。

在沒有民主自由的中國，在思想禁錮、沒有言論自由的中國，人民借悼念周恩來以宣洩積鬱多年的忿懣。

清明悼念周恩來終於發展成了偉大的「四五運動」。

沒有任何組織、缺少任何嘗試，奴隸般的中國人發出了壓抑的吼聲，顯示了反抗暴政的真正造反精神。

「四五運動」最終是遭到了殘酷的鎮壓。政府出動了軍隊，軍隊化裝成所謂的工人民兵，大棒毆擊、鎖銬逮捕，天安門廣場血雨腥風。

隨後是大搜捕。被特務手段跟蹤盯梢過的、被攝影、錄影過的，絕大部分遭到逮捕。被捕人員都遭到殘酷的刑罰，被刑訊致死致殘者不計其數。

學生與人民絕不是國家專政機器的對手。

人民付出了鮮血與生命的慘烈代價，將專制暴政釘上了歷史的恥辱柱。

# 93.毛缺席周的追悼會

「四五運動」絕不是偶然的。

毛澤東曾經出席陳毅的追悼會，老百姓指望毛能夠同樣出席周恩來的追悼會。

周恩來追悼會的規格，遠遠沒有達到老百姓的期望值。

而老百姓的期望，足夠天真。

文革十年，毛澤東盡情折騰、禍害、攪鬧、破敗。

在他的晚年，絕對出現了心理偏執之類的精神疾患。

西方有人評論希特勒，在他的末日到來之前，他有著毀滅德國的傾向。

我認為，毛澤東的晚年則有毀滅中國的傾向。他的心態甚至不能與金日成相比。

金日成排斥異己、誅滅對手之後，將國家政權傳給了自己的兒子。

毛澤東的情況，如他自己所說，「一個兒子死掉了，一個兒子發了瘋。」花花世界，錦繡江山，引無數英雄竟折腰。這個世界最終卻並不屬於自己！傳給誰，都不能甘心。看著誰威信增長、可能接管國家政權，就會開始猜忌、打倒、乃至肉體消滅之。

——近年，鐵幕後面的史實漸漸得到有限披露與澄清。據說，林彪事件之後，毛澤東曾經瀕危搶救過一次。周恩來得知

情況，嚇得尿了褲子，趕到毛的病榻前，匍伏在地、汗如雨下，拼命表白、敬獻忠心道：「主席啊！大權還在你的手裏啊！」

有如托孤白帝城，諸葛亮匍伏在臨終的劉備面前，戰慄驚恐，汗出如漿。

周恩來如臨如履、伴君伴虎，他對毛澤東的慣常手段和陰暗心理之瞭解，超過任何人。

四屆人大會上，周恩來提出「四個現代化」，是冒了巨大風險的。毛要搞文革，周要搞四化，周有標新立異、為自己樹碑立傳之嫌。

周去世於毛之前，得以壽終正寢。

即便如此，周恩來也依然恐懼「掘墓鞭屍」。

據稱：周恩來臨死，哼唱國際歌，並且一再表白，自己不是宋江投降派。

# 94.毛澤東逝世

「四五運動」遭到鎮壓，民心民意的總趨勢到了與當局徹底離心離德的程度。

在鄉間，在貧困線、饑餓死亡線上掙扎的農民，最有耐受力的草民百姓，到了忍無可忍的地步。我的幾位堂兄，最勤勞的受苦人，衣不蔽體、食不果腹。二哥張靠山說過：「蘇聯老大哥什麼時候打過來呀？快來解放咱們吧！」

在城市，市民大雜院的後生仔面臨被迫上山下鄉，不僅前途灰暗，眼下有的人家連粗糧也吃不飽。鄰家後生小平、小明弟兄聲言：「趕快打仗吧！打起來，不管他鼻子高低，不管他眼睛什麼顏色，誰給我吃飽窩頭，我就給誰扛彈藥箱！」

當然，被嚴密監控和強力統治下的人民，不可能揭竿而起。

大家依然照例在盼望，在絕望中盼望，盼望著一個時代的結束，盼望著新的救星升起天空。

周恩來逝世後，大家在心理上依然渴望另一位人物能夠左右大局。

老元帥朱德偶爾出席會議什麼的，大家不免就寄託了若干希望。這希望，連希望者也知道極其渺茫。

6月份，朱德逝世。

終於等到1976年9月9日，毛澤東逝世。

村子裏，敢於莊稼地裏罵朝廷的把式，幸災樂禍地吵吵：「好人不長壽，禍害遺千年——他也有死的一天呀！」

但更多的老百姓厚道善良，至少嘴上不會奚落死人。

機關學校組織大型悼念活動。小學生包括幼稚園的孩子列隊上悼念場所，大家一律佩戴了白花，一律在老師的指令下齊聲號啕。

人們私下則都在等待。等待後毛澤東時代的權力交接，等待上面權力爭奪的最後結果。

王洪文可能接班上臺，江青可能垂簾聽政。

大家擔心，後毛澤東時代或者比毛澤東時代還要黑暗。

# 95.唐山大地震與「八三四一」

1976年盛夏，唐山大地震。

旅居海外的華人，歷來將祖國母土稱作「唐山」。

唐山地震死人數十萬；地震在國人、華人心中引發的震盪超乎尋常。

此前，遼寧出現隕石雨。中國古籍史書上，多有「將星隕落」等涉及神祕的描述。據說，遼寧隕石雨當中有三塊較大的石塊。周恩來、朱德已然逝世，大家私下議論：「毛澤東的日子也要來到了。」

唐山地震之後，即便是法國前任駐中國的大使，也向總統請求，要立即前來中國，以關注中國可能出現的重大突發變故。東方神祕主義，此時顯得更加神祕。

毛澤東逝世後，在民間一時盛傳有關北京衛戍部隊番號「八三四一」的神祕說法。

據稱：毛澤東的新政權將要進駐北京之前，他曾經上某寺廟或曰道觀求籤問卜。老法師沒有言語，天機不可洩露。只是寫下了「八三四一」這幾個數字。

結果，其中天機，事後方知。

毛澤東1893年生，1976年死，活了八十三歲；從長征途中1935年的遵義會議算起，毛實際掌權四十一年。

神祕主義云云，天機云云，不足為憑。

神祕主義風行，童謠、民謠四起，只是證明了民心的向背。

「千夫所指，無疾而死」，只是善良人的無奈詛咒。

# 96.粉碎「四人幫」

1976年10月初，華國鋒、葉劍英以及汪東興採取行動，設計拘禁抓捕了江青、王洪文、張春橋、姚文元等四名政治局成員。

這一非常行動，叫做「一舉粉碎四人幫」。

「四人幫」這一說法名堂，從此時行。

粉碎「四人幫」，符合民心民意，是中國老百姓的幸運。

當然，這也是華國鋒等人的幸運。為民除害，首先是為自己除掉了危險可怕的政敵。

對於政治鬥爭而言，最大的錯誤在於失敗。歷史，幾乎從來都是由勝利者來講述描繪的。

華國鋒為首的黨中央，以彼之道還彼之身，借助鍾馗來打鬼，聲稱「四人幫」是毛澤東給江青等四人所下的斷語。

毛澤東當然可能說過這樣的話：「你們不要搞『四人幫』嘛！」

但是，這非常可能是一種調侃，是一種飽含愛護的批評。希望他的夫人江青和那幾位文革幹將不要搞小圈子，而能夠團結大多數。事實上，毛澤東發動文革，江青在其中出了大力。江青搞得天怒人怨，毛澤東直到最後，都絕對沒有除掉江青的意思。

說毛澤東十分反感江青云云，是他人強加給毛老爺子的。

這樣的機謀，固然有利於解釋粉碎「四人幫」的行為，卻將文革的罪惡通通算在了江青等人頭上，主要責任人毛澤東，被分離出來。

皇上不錯，只是奸臣和「西宮娘娘」不好。這是中國式的戲劇，維護最高皇權的小把戲。

江青後來受到審判，在獄中自殺。毛澤東的侄子毛遠新受到監禁，毛澤東的女兒受到審查。

天道好還。誅殺功臣、毀人家室者，自己的家室最終也遭到毀滅性的打擊。

被當作牌位供在紀念堂裏的毛澤東，絕對不會預料到這樣一個結果。

# 97.「兩個凡是」與「交城山」

華國鋒上臺,登極執掌天下。

共產黨立即運用慣常辦法來大樹特樹第一把手的威信。

最為招搖的是葉劍英所說的話語:「華國鋒英明,而且年輕身體好,能夠領導中國到下一世紀。」

與之同時,宣傳機器高速開動。首先提出「兩個凡是」的說法。

凡是毛主席說過的,就不得有任何改變。這一提法本身,當然最關鍵的是拉大旗做虎皮,以圖確保華國鋒的權威地位。

文革十年,積弊重重,不予任何清算、反省,有違民心民意。最致命的是,「兩個凡是」有針對鄧小平的嫌疑。

華國鋒的權力核心,沒有見識和勇氣來調動整合各方面的力量,伏下了敗亡的種子。

宣傳部門開始徵集新的國歌歌詞。在缺乏實質性解放的情況下,要國人開始歌唱所謂「第二次解放」。

與之同時,由於華國鋒出生於山西交城,那首《交城山》的民間小調開始走紅,大唱特唱。幾乎與歌讚毛澤東的「瀏陽河」並駕齊驅。

交城的山來,交城的水,不澆交城澆文水;

灰毛驢驢上來,灰毛驢驢下,一輩子也沒有坐過好車馬。

大家耳熟能詳的民歌，其實有一個歌頭：

　　貪財的老子，糊塗的娘，把奴家嫁到了交城山上。

《交城山》不僅是民歌小調，而且從歌詞到調子原本都是相當哀怨的。

新編的《交城山》，調子歡快激越，歌詞則這樣捧揚道：

　　交城山裏有勇敢的游擊隊，游擊隊裏有咱們的華政委。

——華國鋒後來是下臺了。老百姓，特別是山西的老百姓，有人議論說：「華國鋒看著滿厚道，而且粉碎了『四人幫』，不該那麼下臺呀！」

我們的老百姓是太善良了，太喜歡同情失敗者了。

假如華國鋒不下臺，堅持「兩個凡是」，依然堅持農業學大寨之類，那將怎麼樣呢？

也許，那將是一個沒有了毛澤東的毛澤東時代的延續。

# 98.新長征與小躍進

　　被毛澤東發動的毀滅文明的文化大革命極度殘害的中國，百廢待興。中國難道就永遠搞革命，不事生產、不搞建設了嗎？

　　華國鋒上臺之後，重大舉措之一，就是趕緊抓生產，希圖來一個盡快恢復、馬上發展的經濟建設躍進。

　　關於這次躍進，特別命名為「新長征」。

　　《人民日報》連篇累牘地發表社論，宣傳鼓動，不遺餘力。

　　但他不懂經濟、不懂生產，指望依靠大幹快上的人海戰術，指望「人有多大膽，地有多大產」。瞎指揮、胡鬧騰，一窩蜂、亂哄哄。

　　在文革缺乏起碼的清算、冤假錯案沒有任何平反糾正的情況下，人心不平、人氣不順，希望立即搞起經濟建設來，轉移視線、掩蓋矛盾。

　　結果，生產沒有任何起色，相反造成了極大浪費。

　　——與1958年的大躍進相比附，後來人們將這次發燒胡鬧稱作「小躍進」。

# 99.呼喚鄧小平

在文革後期，鄧小平復出工作期間，成績顯著。他在軍界政界的威信，僅次於毛周二人。

所謂「反擊右傾翻案風」，將鄧小平再次打倒。其中，「翻案」二字極其關鍵。那是煽動毛澤東的字眼詞彙，那是訟棍刀筆險惡的必殺一擊。

粉碎了「四人幫」，不該給鄧小平一個公道嗎？

鄧小平在文革中大受折磨，被打入社會底層，冷眼旁觀，頭腦清醒。復出後曾經大量啟用老幹部。

大家同情他而懷念他。

從任何意義上講，希望他再次出來工作乃至主政，成為廣大人民和廣大幹部的強烈期盼。

也許，華國鋒的權力班底也看到了這一情況，「兩個凡是」正是主要針對鄧小平的。

這是華國鋒的愚蠢失策之處。

他的能力和智慧實在有限，不成比例。他處在歷史賦予的那樣一個地位，粉碎「四人幫」成為他的歷史使命，僅此而已。

鄧小平的復出幾乎勢不可擋。

政界、軍界、文化界，呼聲強烈。

老百姓特別是熱血青年、在校學生乾脆大聲疾呼：

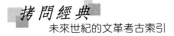

人生七十古來稀，

小平已經十個七；

出來出來快出來，

八億人民等不及！


人民希望青天大老爺，希望出來一個好皇帝，希望誕生一個新的大救星。

無權無勢的人民，陷入一個英雄崇拜的怪圈。

大家受夠了集權專制的苦害，卻又不得不寄希望於專制集權；

希望有一個明君取代昏君；

希望耶穌戰勝撒旦；

希望有一個英雄出現，救助人民於水火，乃至最後結束英雄時代。

# 100.真理標準討論

針對「兩個凡是」，為鄧小平復出營造氣氛的輿論工具則掀起了關於真理標準的討論。

真理要受到實踐的檢驗，而不應該是先驗的、神祕的、不容置疑的。這樣的道理，只是常識。

但既然已經定名為「真理」，那麼它就是不可懷疑的了，沒有討論的必要。

所以提出這樣一個並不嚴謹的命題，並且煞有介事地開展討論，只是要粉碎「兩個凡是」，只是要為鄧小平復出掃平理論上的障礙。

利用學生運動，利用知識界、文化界的輿論，是一種慣技。

當時，作家白樺的小說《苦戀》發表，正改編成電影《太陽與人》。其概念化的、外在的主題，不過是要呼喊出這樣一個話語：「太陽也有黑子。」

其象徵和隱喻的意義，幾乎等於大白話。就是等於要直說：毛澤東也是有缺點的。毛澤東說過的話，並不句句是真理。

「四五運動」該不該平反？文革該不該否定？毛澤東的許多錯誤乃至罪惡該不該清算？赫魯雪夫否定史達林，迎來了蘇聯的歷史解凍；那麼，中國有無可能部分否定毛澤東？

假如華國鋒方面的抵抗更堅韌持久一些，關於真理討論的對峙交鋒可能會更加激烈，因而更加深入，直達核心要害。

被稱為思想解放運動的運動，可能達成相對深廣的思想解放。

然而，華國鋒是那樣不堪一擊，迅速下臺了。

關於真理的所謂討論，以鄧小平得以復出而急忙煞車收場了。

《太陽與人》此刻不再合於時宜，反而受到批判。

鄧小平不願意或者沒有膽略來當中國的赫魯雪夫。他不敢過分傷害那個牌位，「死諸葛嚇走活仲達」。他恐懼毛的陰魂或曰影響，他害怕攻擊帶來的反彈力最終毀滅自己。

簡而言之，鄧小平決定了：留著毛澤東的牌位，供奉起來為我所用，更加有利。

策動文藝界大造輿論的胡耀邦，只好這樣來安撫文藝界的幹將和急先鋒：「蘇聯打倒史達林，他們還有一個列寧；我們否定了毛澤東，怎麼辦才好呢？」

堅持四項基本原則、反對資產階級自由化等等不是運動的運動，開始禁錮剛剛有所解放的思想。

經濟上設法搞活，大踏步前進；政治上繼續高壓統治。

中國式的社會主義之車，一個車輪向前，一個車輪原地打轉。

後毛澤東時代，或曰鄧小平時代開始。

一萬年太久。

中國的民主自由，遙遙無期。

# 九轉丹成──《拷問經典》後記

在道家的陰陽八卦學說中，九為陽數之極。

陽極陰生，自然之理。

如同「道生一、一生二、二生三、三生萬物」，一二三，在這兒並非數學上的簡單自然數；九，當然也不是數學上的簡單指代符號。

但迷信而喜好附會的大眾，有時忌諱這個數字。年齡逢九，比如五十九歲、六十九歲，老者不肯直說；而願意虛稱六十、七十。提前過壽，大舉慶生。

謬種流傳，又有明九、暗九之說。三十六歲、四十五歲，稱作暗九；繫紅褲帶、戴平安符，不出遠門、不坐飛機之類，搞得神經兮兮。

今年是西曆2009年，可算明九；我虛歲六十三，又在暗九之數。

但我是一個百無禁忌的人。自以為心地光明，所以不懼鬼魅。

而且，今年對於我，實在可以說是一個吉祥的年頭。

去年歲末，丁東兄將我的《穿越》書稿，給了臺北秀威出版社的蔡登山主編；今年初春，《穿越》出版，印刷精美、排版講究。書香在手，其喜洋洋者矣。贈送二三同志，大快朵頤。

《穿越》在手頭擱置了三年，這邊沒有出版機會。終於能

夠在對岸印刷成冊，區區不由得對蔡登山先生，感激在心而感慨繫之。

　　一海之隔，呼吸狀況，蓋有不同焉。

　　《拷問經典》一文更是完成於2000年；塵封九年。蔡登山先生看過之後，再次慨然答允予以出版。

　　由衷感謝丁東兄的說項，指引路徑而使我得以望門投止。

　　由衷感謝蔡登山先生的照拂，不因筆者魯莽冒昧見棄。

　　我還由衷地感謝命運，使我結識了秀威出版社的責編詹靚秋等許多新朋友。

　　當然，我也感謝自己的堅韌與執著，百折不撓，而能九轉丹成。

　　我曾經想過：所謂魏晉風度，只是極度專制下，思想者的一種無奈的人格張揚。

　　但無奈而能張揚，給後人留下了榜樣，留下了一份珍貴遺產。

　　那樣的風度，庸碌如我，雖不能至而心嚮往之。

　　我還曾經說過：「吳剛伐不倒桂樹，他因而獲得永生。」

　　那是中國式的滾動巨石的薛西弗斯。

　　我們手中或許只有一支筆；張揚美、挑戰惡，這已經夠了。

　　願以此，與讀者諸君共勉。

西曆2000年5月11日
夏曆己丑年四月十七

國家圖書館出版品預行編目

拷問經典：未來世紀的文革考古索引 / 張石
山著. -- 一版. -- 臺北市：秀威資訊科技,
2010. 03
　　面；　公分. --（史地傳記類；PC0108）
BOD版
ISBN 978-986-221-398-8（平裝）

1. 文化大革命　2. 中國史

628.75　　　　　　　　　　　　　99000890

 史地傳記類　PC0108

# 拷問經典 —— 未來世紀的文革考古索引

作　　　　者 / 張石山
主　　　　編 / 蔡登山
發　行　　人 / 宋政坤
執 行 編 輯 / 詹靚秋
圖 文 排 版 / 鄭維心
封 面 設 計 / 陳佩蓉
數 位 轉 譯 / 徐真玉　沈裕閔
圖 書 銷 售 / 林怡君
法 律 顧 問 / 毛國樑　律師
出 版 印 製 / 秀威資訊科技股份有限公司
　　　　　　台北市內湖區瑞光路583巷25號1樓
　　　　　　電話：02-2657-9211　傳真：02-2657-9106
　　　　　　E-mail：service@showwe.com.tw
經　　銷　　商 / 紅螞蟻圖書有限公司
　　　　　　台北市內湖區舊宗路二段121巷28、32號4樓
　　　　　　電話：02-2795-3656　傳真：02-2795-4100
　　　　　　http://www.e-redant.com

2010 年 3 月　BOD 一版
定價：290 元

# 讀　者　回　函　卡

感謝您購買本書，為提升服務品質，煩請填寫以下問卷，收到您的寶貴意見後，我們會仔細收藏記錄並回贈紀念品，謝謝！

1.您購買的書名：_____

2.您從何得知本書的消息？

　　□網路書店　　□部落格　　□資料庫搜尋　　□書訊　□電子報　□書店

　　□平面媒體　　□ 朋友推薦　　□網站推薦　□其他_____

3.您對本書的評價：(請填代號　1.非常滿意 2.滿意 3.尚可 4.再改進)

　　封面設計____　　版面編排____　　內容____　文/譯筆____　　價格____

4.讀完書後您覺得：

　　□很有收獲　　□有收獲　　□收獲不多　　□沒收獲

5.您會推薦本書給朋友嗎？

　　□會　□不會，為什麼？_____

6.其他寶貴的意見：_____

_____

_____

_____

## 讀者基本資料

姓名：_____　年齡：_____　性別：□女 □男

聯絡電話：_____　E-mail：_____

地址：_____

學歷：□高中(含)以下　　□高中　　□專科學校　　□大學

　　　□研究所(含)以上 □其他_____

職業：□製造業 □金融業 □資訊業 □軍警 □傳播業 □自由業

　　　□服務業 □公務員 □教職　　□學生 □其他_____

To：114

台北市內湖區瑞光路 583 巷 25 號 1 樓

秀威資訊科技股份有限公司　　　收

寄件人姓名：

寄件人地址：□□□

- - - - - - - - - - - - - - - - - - - - - - - - - - - - - - - - - - - - -

(請沿線對摺寄回,謝謝!)

## 秀威與 BOD

BOD（Books On Demand）是數位出版的大趨勢，秀威資訊率先運用 POD 數位印刷設備來生產書籍，並提供作者全程數位出版服務，致使書籍產銷零庫存，知識傳承不絕版，目前已開闢以下書系：

一、BOD 學術著作—專業論述的閱讀延伸
二、BOD 個人著作—分享生命的心路歷程
三、BOD 旅遊著作—個人深度旅遊文學創作
四、BOD 大陸學者—大陸專業學者學術出版
五、POD 獨家經銷—數位產製的代發行書籍

BOD 秀威網路書店：www.showwe.com.tw
政府出版品網路書店：www.govbooks.com.tw

永不絕版的故事・自己寫・永不休止的音符・自己唱